Editorial

JOACHIM TELGENBÜSCHER
Redaktionsleiter von GEOEPOCHE

Liebe Leserin, lieber Leser

Auf dem Titelbild dieser Ausgabe bleckt die vielleicht berühmteste Schlange der mexikanischen Kunstgeschichte ihre Zähne aus weißen Scherben von Meeresschneckengehäusen. Vermutlich schmückte sie im 15. oder im frühen 16. Jahrhundert die Brust eines hochrangigen Azteken, ein kostbares Symbol für die Versöhnung von Himmel und Erde, für Ewigkeit und Erneuerung. Aber auch ein Beispiel dafür, welch glanzvolle Hochkultur die spanischen Konquistadoren nach ihrer Ankunft in Amerika so mutwillig zerstörten.

Wie die Schlange hat auch das Mexiko von heute zwei Gesichter – allerdings könnten diese nicht unterschiedlicher sein. Da ist auf der einen Seite das Traumland vieler Urlauber, zu dessen Verlockungen die Strände von Acapulco genauso zählen wie das blaugrüne Wasser in den Cenoten von Yucatán oder die farbenfrohen Paraden am „Día de los Muertos", dem Tag der Toten. Schaut man jedoch in die Welt der Nachrichten, dann erblickt man eine Fratze der Gewalt: Grausame Kartelle und korrupte Polizisten beherrschen hier das Bild und nicht zuletzt auch die Zehntausenden Toten, die der scheinbar unendliche Drogenkrieg in den vergangenen Jahren gefordert hat.

Für manchen in unserer Redaktion war dies ein Argument, lieber kein Heft über Mexiko zu machen. Das Thema sei zu abschreckend, zu finster. Am Ende haben wir es trotzdem gewagt. Denn egal welche Seite man betont, die positive oder die negative, eines kann niemand bestreiten: Mexiko bietet ein Übermaß spannender Geschichten.

Auf den folgenden Seiten erzählen wir nicht nur Aufstieg und Fall des Aztekenreiches, sondern auch, wie die Mexikaner nach Jahrhunderten der kolonialen Herrschaft ihre Unabhängigkeit von Spanien erkämpften. Wir schildern, wie die noch junge Nation in Konflikt mit ihrem nördlichen Nachbarn geriet, den Vereinigten Staaten, und dabei unter anderem Texas und Kalifornien an die USA verlor. Wir zeichnen nach, wie die Jahrzehnte der Revolution im frühen 20. Jahrhundert das moderne Mexiko hervorbrachten, und ergründen, wo die Wurzeln des Drogenkriegs liegen. Und wir widmen uns einer der Weltmarken der Kunst, der Malerin Frida Kahlo. Sie hat unser Mexiko-Bild so geprägt wie wohl keine andere Künstlerin sonst (siehe Seite 116).

Mein persönliches Lieblingsstück in diesem Heft ist jenes, in dem sich die Geschichte von Mexiko und Mitteleuropa auf tragische Weise verbindet: Im Jahr 1864 wurde ausgerechnet der Habsburger Adelsspross Maximilian, der Schwager von Kaiserin Sisi, zum Kaiser von Mexiko erhoben. Es klingt wie ein Film und ist doch genau so geschehen. Die Tragödie dieses Träumers lesen Sie ab Seite 72.

Wie wird es weitergehen? Manche Experten prophezeien Mexiko im 21. Jahrhundert einen spektakulären Aufstieg. Wenn sie recht behalten, dann wird die Wirtschaft des lateinamerikanischen Staates um das Jahr 2050 Japan, Deutschland und Großbritannien hinter sich gelassen haben. Noch ein Grund mehr, sich mit der Geschichte dieses faszinierenden Landes zu befassen. Ich wünsche Ihnen eine erkenntnisreiche Lektüre.

Herzlich, Ihr

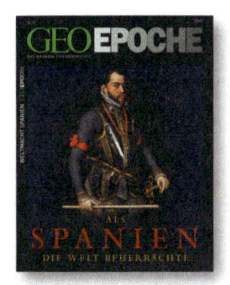

NICHT NUR das heutige Mexiko stand lange Zeit unter spanischer Herrschaft. Mehr zum gewaltigen Kolonialreich Madrids lesen Sie in der Ausgabe Nr. 31 von GEOEPOCHE

Alle zwei Monate neu, GEOEPOCHE im Abo:
www.geo-epoche.de/abo

ZWISCHEN GESTERN UND MORGEN
Fotografien aus dem 20. Jahrhundert zeigen, wie Mexiko kraftvoll in die Moderne strebt – und gleichzeitig an seinen Wurzeln festhält. **SEITE 6**

AUFSTIEG EINES IMPERIUMS
Die Azteken kommen als ärmliche Umherziehende in das Tal von Mexiko – und errichten ein gewaltiges, goldstrotzendes Reich. **SEITE 26**

AN CORTÉS' SEITE
Eine Indigene namens Malinche trägt zum Untergang der Azteken bei. **SEITE 42**

KOLONIALE METROPOLE
Unter spanischer Herrschaft erwächst Mexiko-Stadt zur prächtigen, aber auch zutiefst ungerechten Kapitale. **SEITE 44**

HERRSCHER UND MARIONETTE
1864 wird der Habsburger Maximilian Kaiser von Mexiko. Doch er ist nur ein Spielball anderer Mächte. **SEITE 72**

DER KAMPF DES PANCHO VILLA
Der Bauernsohn und Bandit (vorn Mitte) steigt zu einem der wichtigsten Anführer der Mexikanischen Revolution auf. SEITE 100

DER BESONDERE BLICK
In Frida Kahlos Werken vermischen sich mexikanische Traditionen, moderne Stile und innere Pein. SEITE 116

DROGENKRIEG OHNE ENDE
Mitte der 1980er Jahre zerschlagen Ermittler das erste große Rauschgiftkartell Mexikos – mit verhängnisvollen Folgen. SEITE 136

Nr. 127

Inhalt

Mexiko

♦ *Die mit diesem Symbol versehenen Beiträge sind links bebildert.*

♦ **BILDESSAY** Zwischen Gestern und Morgen
Indigene Ursprünge und europäische Einflüsse prägen das Land ... 6

KARTEN Eine Geschichte voller Umbrüche
Grenzverschiebungen spiegeln Mexikos wechselvolle Historie ... 22

♦ **AZTEKEN** Ein Herrscher namens Itzcoatl *um 1430*
Der Sohn einer Sklavin begründet das aztekische Imperium ... 26

♦ **MALINCHE** Die Stimme der Fremden *1519*
Wie eine Indigene dem Konquistador Hernán Cortés hilft ... 42

♦ **KOLONIALZEIT** Eine Stadt namens Mexiko *um 1780*
Ein Spaziergang durch die Metropole voll Pracht und Elend ... 44

MIGUEL HIDALGO Vater der Nation *1810*
Ein Priester stößt die Unabhängigkeitsbewegung an ... 58

KRIEG GEGEN DIE USA Der Kampf der jungen Helden *1847*
Im Waffengang mit Washington fallen jugendliche Soldaten ... 60

♦ **MAXIMILIAN I.** Träumer und Tor *1864*
Ein Habsburger wird Kaiser von Mexiko. Und scheitert tragisch ... 72

ZEITLEISTE Daten und Fakten ... 87

♦ **REVOLUTION** Das Blut der Freiheitskämpfer *1912*
Ein chaotisches Ringen gebiert das moderne Mexiko ... 100

♦ **FRIDA KAHLO** Die Meisterin der Schmerzen *1953*
Immer wieder malt die Künstlerin ihr leidgeprüftes Selbst ... 116

JOSÉ REVUELTAS Gegen das Regime *1968*
Ein Literat wird zur Symbolfigur der linken Protestbewegung ... 134

♦ **DROGENKARTELLE** Die Narcos und der Ermittler *1985*
Wie ein einziger Mord ein Rauschgift-Imperium zerstört ... 136

INTERVIEW »Viele erwarten keine Gerechtigkeit mehr«
Der mexikanische Historiker Pablo Piccato über seine Heimat ... 152

Impressum, Bildnachweise ... 86
Lesezeichen ... 99
Werkstatt ... 158
Vorschau »Der Siebenjährige Krieg – Die Geschichte eines Weltenbrandes« ... 162

Sie erreichen die GEO*EPOCHE*-Redaktion
online auf Facebook, X (ehemals Twitter) und Instagram
oder unter *www.geo.de/epoche*

ZWISCHEN GESTERN UND MORGEN

Um die Mitte des 20. Jahrhunderts durchlebt Mexiko einen grundlegenden Wandel: Geprägt von einer einzigartigen Mischung aus indigenen Ursprüngen und europäischen Einflüssen, getrieben von rasantem wirtschaftlichen Wachstum, strebt das Land mit Macht in die Moderne. Fotografien jener Jahre offenbaren eine Gesellschaft voll von Aufbruch und neuem Wohlstand, Stolz und Traditionsbewusstsein – aber auch von harten Gegensätzen und tiefer Ungerechtigkeit

BILDTEXTE: *Jens-Rainer Berg und Johannes Teschner*

ÜBER LANGE PHASEN der mexikanischen Geschichte gehören die meisten Felder wenigen Mächtigen. In den 1930er Jahren allerdings werden zahlreiche Großgrundbesitzer enteignet – und die Böden Gemeinschaften von Landbewohnern wie diesen übergeben

CHEN

1930–1986 | Bildessay

EIN FUNDA
FÜR AL

MENT
LES WEITERE

Zahlreiche einheimische Reiche und Zivilisationen blühen auf dem Gebiet des späteren Mexiko, darunter Hochkulturen mit komplexen Gesellschaften, mächtigen Herrschern, meisterhaften Handwerkern und Gelehrten, deren Taten lange nachwirken

ZU DEN BEDEUTENDSTEN Völkerschaften der mexikanischen Geschichte zählen die Maya, die verteilt auf Dutzende kriegerische Stadtstaaten den Südosten Mexikos über viele Jahrhunderte prägen. Ihre gewaltigen Tempelanlagen, verziert mit Reliefs, finden sich vor allem auf der Halbinsel Yucatán (Foto von 1936)

MITGLIEDER der Oberschicht feiern 1984 auf einer Hochzeit in Tepotzotlán, einem Ort nördlich von Mexiko-Stadt. Nach dem Zweiten Weltkrieg wird das Land über Jahrzehnte von einem nie da gewesenen Wirtschaftsaufschwung erfasst – von dem jedoch vor allem eine kleine Gruppe profitiert: die häufig europäischstämmige Elite

ZWEI
GESICHTERN

Neben dem indigenen Erbe durchzieht eine europäisch geprägte Traditionslinie die mexikanische Gesellschaft, die mit der gewaltsamen Eroberung und Besiedelung durch die Spanier im 16. Jahrhundert ihren Anfang genommen hat. Im Laufe der Zeit haben sich die verschiedenen Stränge vielfach miteinander verwoben. Und doch entscheidet nicht selten die ethnische Herkunft darüber, wie ein Mensch lebt – und welchen Status er erlangt

DIE RAUERE KULTUR des ländlichen Mexiko wird stärker als das Stadtleben durch indigene Traditionen bestimmt. Doch auch hier wirken äußere Einflüsse, ergeben zusammen mit dem Althergebrachten mitunter etwas Neues: So vermischt sich in dieser 1983 festgehaltenen Szene möglicherweise der lokale Brauch des Bullenreitens mit dem spanischen Stierkampf

FORTSCHRITT

Befeuert durch eine steigende Warennachfrage aus den USA und staatliche Investitionen in Infrastruktur und Industrie, erstarkt Mexikos Wirtschaft ab den 1940er Jahren rasant. Der Boom verleiht dem Land einen gewaltigen Modernisierungsschub. Städte wachsen, werden zu kulturell dynamischen Metropolen, allen voran Mexiko-Stadt, die wuchernde Kapitale

SELTER

AUCH DANK besserer Krankenhäuser, Medikamente und Ernährung nimmt die Bevölkerung massiv zu, immer mehr Landbewohner streben auf der Suche nach Arbeit in die Ballungsräume. Diese indigenen Straßenverkäuferinnen bieten 1963 in der Hauptstadt Früchte an

BINNEN EINER guten Generation bläht sich Mexiko-Stadt ab den 1930er Jahren zu einem Moloch von deutlich mehr als zehn Millionen Einwohnern auf, dessen dichter Verkehr, hier vor dem Palast der Schönen Künste, bald kaum mehr beherrschbar scheint (Foto von 1970)

1930–1986 | Bildessay

DER
DER UN

STOLZ
TERDRÜCKTEN

Der Großteil der Menschen im Mexiko des 20. Jahrhunderts beruft sich auf eine gemischte Herkunft von spanischen wie einheimischen Vorfahren. Kaum ein Viertel der Bevölkerung zählt sich heutzutage zu den Indigenen. Seit jeher wirtschaftlich und politisch benachteiligt, sind viele von ihnen umso mehr darum bemüht, die eigene Kultur zu behaupten und zu pflegen

VIER FRAUEN führen 1986 in Juchitán in typischer Kleidung der Region einen traditionellen Tanz auf. Im Süden des Landes, wo auch die Stadt im Bundesstaat Oaxaca liegt, ist der Anteil der indigenen Gruppen höher als in anderen Regionen – und gleichzeitig die Armut größer

EINE GROSSE MENGE von Landbewohnern versammelt sich 1958 zu einer christlichen Festivität. Über Jahrhunderte war die katholische Kirche, selbst Großgrundbesitzer, ein entscheidender Machtfaktor. Erst in der ersten Hälfte des 20. Jahrhunderts werden Staat und Religion strikt voneinander getrennt

EN DES
KREUZES

Eine überwältigende Mehrheit der Mexikanerinnen und Mexikaner hängt dem römisch-katholischen Bekenntnis an, nach Brasilien leben in ihrem Land weltweit die meisten Gläubigen dieser Konfession – trotz aller gesellschaftlichen Modernisierung bleibt die Frömmigkeit, bleiben Kirchenbesuche, Prozessionen und Wallfahrten tief im Alltag verankert

DIE GOTTESFURCHT besonders unter einfachen Leuten, hier eine Bäuerin 1958 bei der Andacht, ist groß, hochverehrt die Gottesmutter als »Jungfrau von Guadalupe«. Die Religion ist auch ein Grund für das starke Bevölkerungswachstum im 20. Jahrhundert: Viele Gläubige halten Verhütung für Frevel

1930–1986 | Bildessay

GEGEN DEN
HERRISCHEN

STAAT

Eine einzige Partei, angeführt von jeweils einem Präsidenten mit großer Machtfülle, steuert das Land durch den bis in die 1970er Jahre anhaltenden Wirtschaftsboom, verteilt Posten an loyale Günstlinge, verhindert jede echte Opposition. Und sichert notfalls gnadenlos die scheinbare Ruhe im Land

JUNGE AKTIVISTEN demonstrieren 1968 auf dem zentralen Platz mit der Kathedrale von Mexiko-Stadt. Vor den in diesem Jahr in der Hauptstadt stattfindenden Olympischen Sommerspielen will die Staatsführung durch Härte die Bewegung der Kritiker ersticken. Am 2. Oktober eröffnen Sicherheitskräfte bei Studentenprotesten gegen den repressiven Kurs der Regierung das Feuer – mehrere Hundert Menschen sterben

DIE TOTEN

Die einzigartige mexikanische Mischkultur zeigt sich auf besondere Weise im Umgang mit dem Lebensende: Im Totenkult verbinden sich alte indigene Rituale mit christlichen Vorstellungen zu einem unnachahmlichen, morbide anmutenden Fest ◊

MIT FRATZEN Verkleidete begleiten einen Mann, der ein Skelettkostüm trägt, bei einer Wallfahrt. Die enge Beziehung zu den Toten, die Vorstellung, dass sie Teil der menschlichen Gemeinschaft bleiben, rührt unter anderem von den Azteken her

DIGEN UND

DER »TAG DER TOTEN«, den diese Frau hier 1984 begeht, ist in Mexiko eines der wichtigsten Feste des Jahres: Nach indigener Vorstellung besuchen die Verstorbenen dabei die Lebenden. Der Termin aber ist ein christlicher: Gefeiert wird über mehrere Tage um Allerheiligen und Allerseelen

Karten

Eine Geschichte voller UMBRÜCHE

Lange vor der Ankunft der Europäer erwachsen und vergehen etliche Reiche auf dem Gebiet des heutigen Mexiko. Und auch nach der Kolonialzeit wandeln sich die Grenzen des Landes

TEXT: *Johannes Teschner*

Man stelle sich eine gewaltige Ebene vor, die mehr als 2000 Meter hoch liegt, umgeben ist von schneebedeckten Bergen und durchzogen von Seen und Flüssen. Die fruchtbare Böden bietet und das ganze Jahr über angenehme Temperaturen. Wo viele Pflanzen hervorragend gedeihen und etliche Tierarten leben.

Dies ist das Hochtal in Zentralmexiko, wie es jene Jäger und Sammler vorfinden, die vor mindestens 12 000 Jahren als Erste in die Gegend einwandern. Viele, viele Generationen später fangen die Bewohner hier an, Felder zu bewirtschaften und, wiederum lange danach, erste dauerhafte Ortschaften anzulegen. Es ist eine Region, die diesen frühen Siedlern mehr als genug Wasser und Nahrung bietet und es ihnen so erlaubt, immer größere Gemeinschaften zu bilden. Mit Teotihuacan erwächst dort die wohl erste Großstadt Amerikas. Auf ihrem Höhepunkt um 500 n. Chr. zählt sie 200 000 oder sogar noch mehr Einwohner, so schätzen Forscher.

Damit ist Teotihuacan noch bedeutend größer als die Stadtstaaten der Maya, deren Kultur um dieselbe Zeit ihre Blüte erlebt. Auf der Halbinsel Yucatán sowie im südlich angrenzenden Gebiet erwachsen ihre in Kunst und Wissenschaft hochentwickelten Zentren. Nach dem ab etwa 750 n. Chr. einsetzenden Niedergang dieser Metropolen steigen vor allem im Norden Yucatáns neue Städte auf und führen die Maya-Kultur noch über Jahrhunderte fort.

Derweil kommen und gehen die Gemeinschaften in anderen Teilen des heutigen Mexiko, vor allem im zentralen Hochtal, wo die Konkurrenz der Reiche drückend ist. Dort wird Teotihuacan um 650

Mexiko heute
VIELE REGIONEN, EIN ZENTRUM

DAS HEUTIGE MEXIKO ist fast sechsmal so groß wie Deutschland und föderal gegliedert. Jeder der 32 Bundesstaaten hat seine eigene Regierung und Hauptstadt. Dennoch ist klar, wo das Zentrum des als Präsidialrepublik verfassten Landes pulsiert: In und um Mexiko-Stadt leben rund 21 Millionen der insgesamt fast 130 Millionen Mexikaner und Mexikanerinnen. Der Ballungsraum gehört zu den am dichtesten besiedelten Regionen des amerikanischen Doppelkontinents

Frühzeit
KULTURELLE VIELFALT

BEREITS LANGE VOR der Zeitenwende blüht am Golf von Mexiko die Kultur der Olmeken. Im 1. Jahrtausend dann erreicht die Zivilisation der Maya ihren Höhepunkt. Derweil erwächst im zentralen Hochland mit Teotihuacan die wohl erste Großstadt Amerikas. Und in der zwischen vielen Gemeinschaften umkämpften, »Tal von Mexiko« genannten Gegend errichten schließlich die Azteken ihr Imperium – das 1521 von den Europäern zerschlagen wird

unter ungeklärten Umständen in Teilen zerstört, von den restlichen Bewohnern um 750 gänzlich aufgegeben. Dort erstarkt und vergeht die Kultur der Tolteken. Und dort erwächst im 15. Jahrhundert auch das aztekische Imperium. Ihre Hauptstadt Tenochtitlan errichten die Azteken auf einer Insel inmitten eines der im Hochtal gelegenen Seen.

n derselben Stelle, auf den Trümmern Tenochtitlans, bauen die Spanier ab 1521 die Kapitale ihres Kolonialreichs, nachdem sie die Azteken blutig unterworfen haben: Mexiko-Stadt, mit Hauptplatz und rechtwinklig angelegten Straßen im Sinne der europäischen Renaissance entworfen, wird zum Zentrum des „Vizekönigreichs Neuspanien", das von Kalifornien bis nach Costa Rica reicht.

Über Jahrhunderte beutet Madrid seine Überseebesitzung aus, bis die Bevölkerung aufbegehrt und sich 1821 die Unabhängigkeit erkämpft. Das eigenständige Mexiko, dessen Grenzen zunächst weitgehend denen des Vizekönigreichs entsprechen, ist ein riesiger Staat, rund zwölfmal so groß wie das heutige Deutschland, bei nur etwa 6,5 Millionen Einwohnern. Ein Gebilde, kaum zu regieren von den neuen Machthabern in Mexiko-Stadt.

Und so kommt es, dass das junge Land, von inneren Konflikten geschwächt, bald enorme Gebietsverluste hinnehmen muss. Im Süden spaltet sich 1823 die Region ab, aus der die heutigen Staaten Guatemala, Belize, Honduras, El Salvador, Nicaragua und Costa Rica hervorgehen werden. Im Norden verliert Mexiko zunächst Texas, das sich 1836 unabhängig macht und später Teil der USA wird, im von 1846 bis 1848 währenden Krieg mit den Vereinigten Staaten nochmals gewaltige Territorien (ein weiteres Gebiet geht schließlich 1853 per Kauf an Washington).

Seitdem stehen die Grenzen Mexikos. Und seit 1917 hat es eine Verfassung, deren Prinzipien in wesentlichen Teilen bis heute Bestand haben, zumindest auf dem Papier: Die „Vereinigten Mexikanischen Staaten", wie sie amtlich heißen, sind ein demokratischer Rechtsstaat, eine föderal gegliederte Präsidialrepublik, die aktuell 32 Bundesstaaten hat. Und deren Mittelpunkt dennoch unbestritten ist.

In und um Mexiko-Stadt leben heute rund 21 Millionen Menschen, fast jeder sechste Einwohner des Landes. Und so ist das von schneebedeckten Bergen umgebene zentralmexikanische Hochtal, in dem einst Jäger und Sammler sesshaft wurden, nunmehr eine der am dichtesten besiedelten Gegenden Amerikas. ◊

Von KALIFORNIEN bis COSTA RICA

Unabhängigkeit
FRAGILES RIESENREICH

ALS MEXIKO 1821 die Eigenständigkeit von Spanien erlangt, entsprechen seine Grenzen zunächst weitgehend denen des vorherigen Vizekönigreichs Neuspanien. Doch nach nur zwei Jahren spalten sich im Süden die Gebiete von Guatemala bis Costa Rica ab. Und im Norden verliert das Land in mehreren Schritten mehr als die Hälfte seines Territoriums an den übermächtigen Nachbarn USA

um 1430
Aufstieg der Azteken

ITZC

Mächtige Stadtstaaten blühen bereits im 1. Jahrtausend n. Chr. im fruchtbaren Hochtal von
Region nieder. Die Neuankömmlinge müssen sich zunächst als Söldner verdingen, gründen schließ
die Unabhängigkeit – unter der Führung ihres Herrschers Itzcoatl, der »Obsidianschlange«

O A T L

Mexiko. Die Azteken, umherziehende Krieger aus dem Norden, lassen sich erst später in der
lich als Vasallen eines fremden Königs ein eigenes kleines Reich. Um 1430 aber erkämpfen sie sich

TEXT: *Cay Rademacher*

IHRE BEIDEN MÄULER reißt die doppelköpfige Schlange auf. Im symbolschweren Glauben der Azteken gelten Schlangen als Mittler zwischen Totenreich, Himmel und Erde. Und als Begleiter gleich mehrerer Gottheiten (Brustschmuck einer hochrangigen Person, vor 1521)

um 1430 | Aufstieg der Azteken

TÜRKIS ist die Farbe des Feuergottes Xiuhtecuhtli – und aller Mächtigen in den Völkern Mesoamerikas (Maske, vor 1521)

AUF EINER SCHILFMATTE und vor einem gleichfalls geflochtenen Thron zeigt der »Codex Tovar« König Itzcoatl, der die Azteken um 1430 in die Unabhängigkeit führt (aztekische Buchmalerei, 16. Jh.)

Irgendwann vor sieben Jahrhunderten, den genauen Tag kennt niemand mehr, verbrennt das Gedächtnis eines ganzen Volkes. Es sind die Azteken, deren Wissen in der Glut vergeht. Ausgerechnet die Azteken, die das wohl mächtigste, von Mythen umwobene Reich Mesoamerikas gründen, das letzte vor der Ankunft der Europäer. Fast alles haben sie in ihrer farbensatten, kunstvollen Bildersprache aufgeschrieben: Göttermythen und die Geschichte ihrer Gemeinschaft, die Heldentaten von Königen und Tributlisten, geografische Abhandlungen. Alles fort.

Die Azteken und einige ihrer Vorgänger im heutigen Mexiko, wie etwa die Maya oder die Mixteken, sind die einzigen indigenen Völker in ganz Amerika, die Bücher geschrieben haben, und was für welche: Sie werden zumeist aus einem dicken Papier gefertigt, gewonnen aus eingeweichten, weich geklopften Fasern von Feigenbäumen, die mit Pflanzenharz verklebt und mit Kalk oder Stärke geglättet werden. Die Zeichen leuchten rot, grün, gelb, ockerfarben, blau, grau, sepia, rosa, orange, violett, schwarz, weiß, die fertigen Werke werden gerollt oder ziehharmonikaartig gefaltet und an beiden Enden mit einem hölzernen, oft mit Leder bezogenen und mit Edelsteinen geschmückten Deckel versehen. Priester und hoch angesehene Poeten tragen bei öffentlichen Zeremonien oder am Hof des Herrschers rituelle Texte und Gedichte vor, gesungen oft zum Rhythmus der Trommel. Die Chroniken zwischen den Buchdeckeln gehören nicht zu ihrem Repertoire. Sie sind sicher verwahrt. Eigentlich.

Doch an diesem Tag verbrennen knackend und zischend Holz, Leder und Papier in der Glut, Funken fliegen, schwarzer Rauch steigt in den Himmel. Ein altes Rätsel in der Sprache der Azteken lautet: „Was führt der scharlachrote Ara an, wem folgt der Rabe?" Die Antwort: „eine Feuersbrunst". Und in diesem besonderen Feuer verbrennen alle Bücher, die die Azteken bis dahin über ihre eigene Geschichte geschrieben haben.

Wer das heute so liest, der mag glauben, dass da Konquistadoren das Wissen der niedergeworfenen Azteken verbrennen, dass Inquisitoren die heidnische Kultur auf den Scheiterhaufen schleudern. Doch das ist falsch. Die Bücher vergehen irgendwann um das Jahr 1430, da sind die Eroberer aus Europa noch nicht einmal geboren. Es sind die Azteken selbst, die ihr Gedächtnis auslöschen. Genauer: Es ist ein Einziger von ihnen, der den Scheiterhaufen anfachen lässt, der Mäch-

um 1430 | Aufstieg der Azteken

GRIMMIG BLICKT dieser goldene Adlerkrieger. Nur Noble, die sich im Kampf besonders ausgezeichnet haben, dürfen eine dem Raubvogel nachempfundene Rüstung tragen (Anhänger, um 1500)

VERSTÖREND muten viele übernatürliche Figuren der Azteken an. Die Erde stellen sie wie hier oft als Monster dar (Teil einer Großskulptur, um 1500)

tigste von allen. Itzcoatl, der König. Der Sohn einer Sklavin, der zum Herrscher aufsteigt. Der Mann, der die Azteken zu Macht und Ruhm führt – und der genau deshalb ihr altes Wissen auslöschen will. Und weil ihm dies zumindest teilweise gelungen ist, lässt sich seine eigene Geschichte und die seines Volkes heute nur noch schwer erzählen.

○

SO VIEL IST GEWISS: Wie andere Völker vor ihnen und später die Spanier nach ihnen kommen auch die Azteken als Einwanderer und Eroberer in das von der Natur reich gesegnete Tal von Mexiko. Dieses „Tal" ist eigentlich eine mehr als 2000 Meter hoch gelegene Ebene, umringt von mächtigen, bis zu 5000 Meter aufragenden, schneeglitzernden Bergen – einige, wie der Popocatepetl (der „rauchende Berg") sind aktive Vulkane. Fünf große, teils ineinander übergehende Seen füllen einen beachtlichen Bereich dieses gigantischen natürlichen Beckens. Einige führen Süßwasser, andere, wie der Tetzcoco-See, für Menschen ungenießbares Brackwasser. Das Tal liegt in den Tropen, aber eben hoch, was die Hitze erträglicher macht. Unterhalb der schroffen Berge erstrecken sich Felder, Sümpfe entlang der Seen, dazwischen dichte Wälder – kein schlechter Ort zum Leben.

Um etwa 1500 v. Chr. lassen sich hier die ersten Menschen nieder, gründen Siedlungen, aus denen sich teils das entwickelt, was die späteren Bewohner der Gegend *altepetl* nennen werden: Städte mit je eigenen Herrschern, Tempeln, Göttern. Um 100 n. Chr. wächst, aus Gründen, die niemand mehr kennt, im nordöstlichen Bereich der Hochebene die Stadt Teotihuacan zur Vormacht der ganzen Region heran. 200 000 Menschen, schätzen Wissenschaftler heute, leben hier zu deren Hochzeit im Schatten gewaltiger Stufentempel – bis die Metropole und ihr Reich, aus ebenso rätselhaften Gründen, nach rund 600-jähriger Blüte vergehen und bald bloß nur noch Ruinen von der einstigen Pracht künden.

Danach kommen andere Kulturen, wie die der Stadt Tula und ihrer Tolteken genannten Einwohner. Etwa 65 Kilometer nordwestlich von Teotihuacan gelegen, erreicht Tula ab dem 10. Jahrhundert immerhin eine Bevölkerung von bis zu 50 000 Menschen – deren Handelsbeziehungen bis ins heutige Guatemala reichen und die ebenfalls gewaltige Tempel und Statuen hinterlassen. (*Toltekatl* bedeutet in der Sprache der Azteken auch „geschickter Handwerker".) Wohl zwischen 1150 und 1180 wird Tula allerdings, womöglich nach einer durch verheerende Dürren ausgelösten Krise, von Unbekannten niedergebrannt.

Man muss sich das Tal von Mexiko wie eine gewaltige Arena vorstellen, in der Stadtstaaten über Jahrhunderte hinweg gegründet und zerstört werden, sich bekriegen oder untereinander Handel treiben, in denen mal hier, mal dort Macht gewonnen wird oder vergeht.

Um 1200 mögen einige Hunderttausend Menschen im gesamten Tal leben, und vieles ähnelt wahrscheinlich schon dem, was aus späterer Zeit bezeugt ist. Auf Terrassenfeldern und

ETWA 75 JAHRE nach ihrer Ankunft im Tal von Mexiko gründen die Azteken um 1325 den Stadtstaat Tenochtitlan – auf einer Insel im Tetzcoco-See (Darstellung der Gründungslegende im »Codex Tovar«)

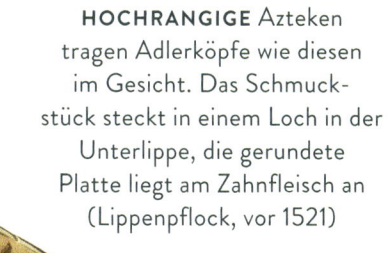

HOCHRANGIGE Azteken tragen Adlerköpfe wie diesen im Gesicht. Das Schmuckstück steckt in einem Loch in der Unterlippe, die gerundete Platte liegt am Zahnfleisch an (Lippenpflock, vor 1521)

um 1430 | Aufstieg der Azteken

TIEREN WEISEN die Azteken symbolische Bedeutungen zu. Frösche etwa stehen unter anderem für Fruchtbarkeit (Halskette, vor 1521)

chinampas, mühsam dem flachen Seewasser abgerungenen, künstlich angelegten Inseln, gedeihen unter anderem Mais, Bohnen, Kürbisse, Avocados, Feigenkakteen mit ihren essbaren Früchten, Amaranth, Süßkartoffeln, Tomaten. Truthähne und Hunde werden in den Siedlungen gehalten, Jäger stellen Rotwild, Kaninchen und Enten nach, Fischer bringen ihren Fang in Kanus aus den Seen zurück, Fische und Krustentiere; auch Algen, Amphibien und Insekten ergänzen die Nahrung. Die Speisen würzen die Menschen mit Chili, Vanille, Salz, Honig und schmackhaften Blüten. Sie berauschen sich an dem aus Agavensaft gegorenen Pulque, Kakao ist ein den Königen, Adeligen und Priestern vorbehaltener Luxus.

Vielen Völkern, die jenseits des Tales wohnen, muss die Region wie ein von den Göttern begünstigtes Paradies erscheinen. Immer wieder machen sich Gemeinschaften vor allem aus dem trockeneren, unwirtlicheren Norden auf, um sich ein Stück davon zu erobern. Um 1250 gelangt so eine Gruppe von Menschen in das Tal, die zuvor vermutlich als Jäger und Sammler in einer Region im Nordwesten des heutigen Mexiko herumgestreift sind, vielleicht auch in den US-Staaten Kalifornien, Nevada, Arizona und New Mexico. Die Neuankömmlinge sind arm, im Vergleich zu denjenigen, die dort bereits leben, unkultiviert – und sie sind aggressiv. Sie haben nichts zu verlieren.

Sie nennen sich selbst *Mexica*.

UM DIE GÖTTER zu besänftigen, opfern die Azteken ihnen regelmäßig Menschen. Meist sind die Todgeweihten Kriegsgefangene

Angeblich stammen sie, das werden dereinst ihre Mythen überliefern, von der Insel Aztlan, die in einem See irgendwo im Norden liegt. Fremde nennen sie deshalb später „Azteken", die „Leute von Aztlan". „Mexica" hingegen ist der Name, den ihnen der Legende nach ihr Anführer auf der großen Wanderung gegeben hat, der Gott Huitzilopochtli – möglicherweise ein charismatischer Häuptling, der erst im späteren Mythos zum Gott erhoben wird. Aus Indizien der erhaltenen Legenden lässt sich vermuten, dass die Azteken um 1120 aus ihrer nördlichen Heimat aufgebrochen sind. Amerika ist ein Kontinent ohne Pferde und Räder, wer sich bewegt, der geht zu Fuß. Auf ihrem Weg nach Süden haben die Azteken sich wohl zudem immer wieder für einige Zeit niedergelassen, den Ackerbau und die Kultur ihrer jeweiligen Nachbarn kennengelernt, sich auch mit ihnen vermischt.

Erst um 1250 gelangen sie endlich ins Tal von Mexiko, kommen womöglich früh zu den Ruinen von Tula, stehen ehrfürchtig vor den gigantischen steinernen Tempeln, lernen Götter, Kulte und Weltanschauungen der dortigen Stadtstaaten kennen, kosten Kakao, bewundern Jadeschmuck. Nicht, dass die hier lebenden Gemeinschaften die Neuankömmlinge gern gesehen hätten ...

Die Azteken und ihr Gott sind gewalttätig. Huitzilopochtli, so berichtet es ein Mythos, tötet einmal alle im Volk, die sich seiner Führung widersetzen. Ein anderes Mal, nachdem sie eine Zeit lang friedlich als Vasallen eines Königs gelebt haben, locken sie auf Anweisung des Gottes die Tochter des Herrschers zu sich, opfern sie – dann streift sich ein Priester die abgezogene Haut des unglücklichen Mädchens über und zeigt sich damit vor dessen Vater. Der lässt die Azteken aus seinem Reich jagen, viele von ihnen töten. Wahrscheinlich greifen die Erzählungen wahre Begebenheiten auf.

Die Azteken sind zunächst nicht stark genug, um sich gegen den Willen lokaler Machthaber irgendwo dauerhaft niederzulassen. Stattdessen müssen sie innerhalb des Tals mal hierhin, mal dorthin ziehen, verfolgt von manchen Herrschern, von anderen werden sie als Söldner angeheuert. Ein wilder Kriegerhaufen, der mit Pfeil und Bogen, Speer- und Steinschleudern Geschosse auf Gegner niederregnen lässt, im Nahkampf mit Keulen, Spießen und langen Schwertern aus Holz, in denen messerscharfe Obsidianklingen als Schneide eingesetzt sind, auf Feinde eindrischt. Sich selbst schützen sie mit dicken Baumwollrüstungen, in denen Pfeile und Speere stecken bleiben, mit Helmen aus Knochen und Holz, mit Schilden aus Tierhäuten, Holz oder verwobenen Pflanzenfasern.

Endlich, vermutlich ist bereits das Jahr 1325 angebrochen, finden sie einen Platz, um sich dauerhaft anzusiedeln: auf einer sumpfigen Insel im Tetzcoco-See, auf der kaum jemand sonst leben will. Doch die Azteken

TLALOC, den Gott des Regens, ehren und fürchten die Azteken gleichermaßen, bringt er doch fruchtbare Böden ebenso wie Dürren (Keramikgefäß, 15. Jh.)

DIE GÖTTER FORDERN BLUT

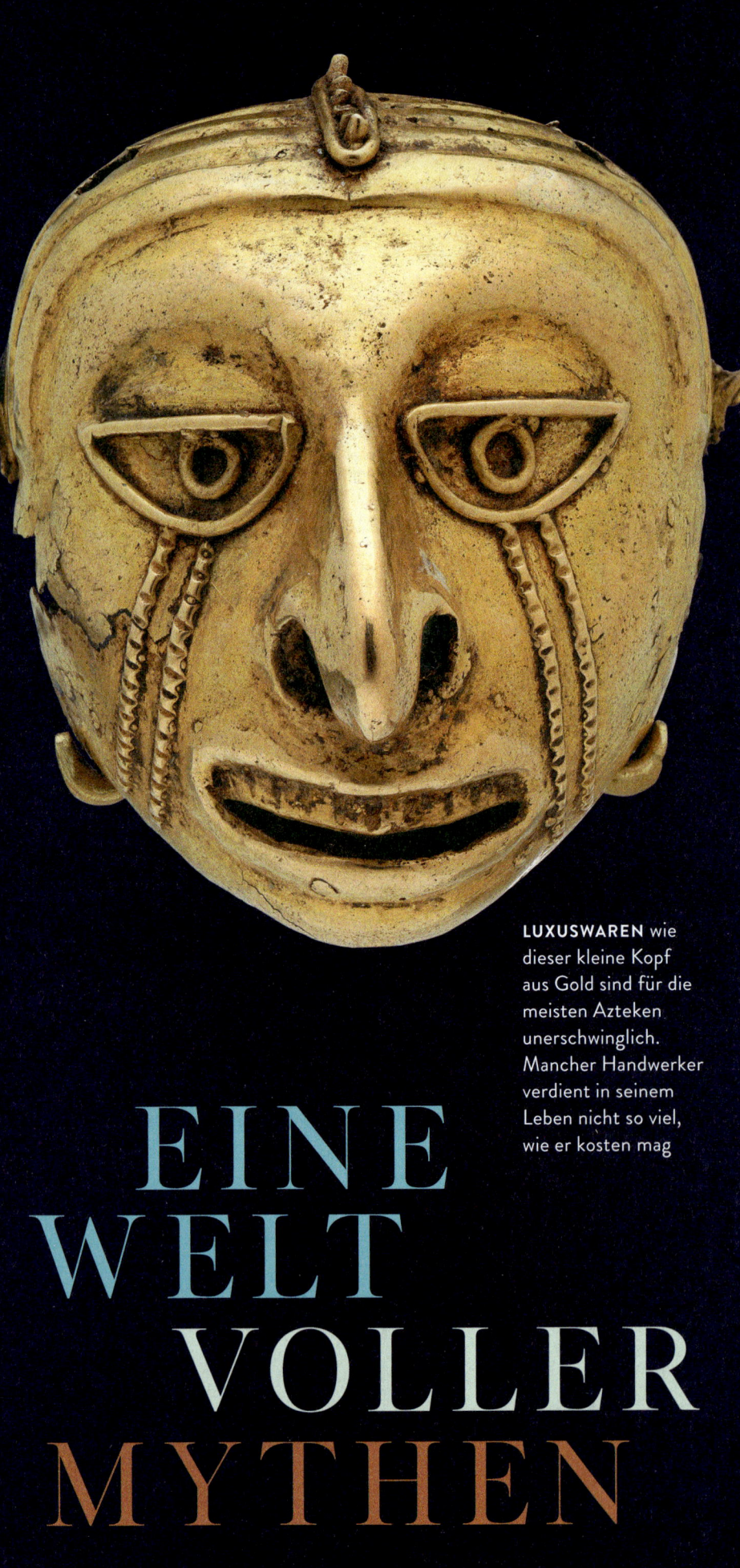

LUXUSWAREN wie dieser kleine Kopf aus Gold sind für die meisten Azteken unerschwinglich. Mancher Handwerker verdient in seinem Leben nicht so viel, wie er kosten mag

EINE WELT VOLLER MYTHEN

mag das an ihre legendäre Heimat erinnern. War das nicht auch eine Insel im See? Die Stadt, die sie hier errichten, werden sie Tenochtitlan nennen – „Ort beim Feigenkaktus auf den Steinen".

Wohl um die 50 Jahre nach ihrer Ankunft steigt der Adelige Acamapichtli zum ersten König von Tenochtitlan auf. Seine Mutter und seine Hauptfrau stammen aus dem königlichen Haus von Colhuacan, einem Altepetl, das in der Nachfolge der Tolteken steht und daher hohes Prestige besitzt. Die Azteken selbst sind um diese Zeit allerdings Vasallen des Stadtstaats Azcapotzalco, der Vormacht in weiten Teilen des Tales. Und doch: Die einst heimatlos Umherziehenden haben jetzt nicht nur einen Gott: Huitzilopochtli. Sie haben nun auch eine Stadt: Tenochtitlan, und einen König: Acamapichtli.

Die Azteken sind angekommen im Tal von Mexiko.

°

20 JAHRE REGIERT Acamapichtli sein kleines Reich. Als *tlatoani* („Sprecher") ist er König, Oberbefehlshaber der Armee, Richter, Hohepriester. Adelige umgeben ihn als Beamte, Feldherren, Priester. Weitere freie Untertanen sind etwa Bauern und Bäuerinnen, Weberinnen und Handwerker sowie Kaufleute. Unter ihnen stehen abhängige Bauern, die an das Land der Adeligen gebunden sind, und zuletzt die Sklaven, von denen viele als Diener in den Häusern der Wohlhabenden arbeiten.

Der Tlatoani eines Altepetl hat meist mehrere Gemahlinnen, viele entstammen anderen Herrscherfamilien, und Konkubinen. Eine der Gespielinnen von Acamapichtli ist eine Sklavin, angeblich eine frühere Gemüseverkäuferin aus Azcapotzalco, die ihm möglicherweise jemand als Geschenk übergeben hat.

Ob diese Sklavin, deren Name die Jahrhunderte nicht überdauert hat, unglücklich ist oder, im Gegenteil, stolz, wer vermag das zu sagen? Sie gebiert ihrem Herrn um 1380 einen Sohn, und zumindest das dürfte ihr Hoffnung schenken. Denn wie bei vielen Völkern Mesoamerikas sind bei den Azteken, anders als in anderen Hochkulturen, Kinder von Sklaven von Geburt an frei. (Kriegsgefangene und verurteilte Verbrecher werden versklavt. Auch arme Freie begeben sich manchmal in die Sklaverei oder verkaufen ihre Kinder als Sklaven.) Der Sohn der Konkubine ist also auf jeden Fall ein freier Mann und über die väterliche Linie sogar ein Königsspross.

Sein Name ist Itzcoatl, „Obsidianschlange".

Als Acamapichtli wohl im Jahr 1395 stirbt, ist klar: Ein Sohn wird ihm auf den Thron folgen – bloß welcher? Ein Tlatoani hinterlässt meist viele Frauen und viele Söhne. Die Azteken (wie auch etliche ihrer Nachbarn) kennen weder die Erbfolge des Erstgeborenen, noch muss der neue Herrscher Kind der Hauptfrau sein, theoretisch könnte *jeder* Sohn des Königs auch dessen Nachfolger werden.

Tatsächlich versammeln sich nach Acamapichtlis Tod Adelige und Priester zu einem Rat und einigen sich auf den Kandidaten, den sie für am besten geeignet halten. In diesem Fall auf einen jungen Mann, der sich bereits in mehreren Feldzügen bewährt hat und mit Prinzessinnen aus anderen Stadtstaaten verheiratet ist. Ersteres ist gut im Krieg, Letzteres festigt ein Bündnis mit fremden Herrschern. Die Mächtigen erwählen deshalb Huitzilihuitl – den Spross des alten Königs und der Tochter eines hochrangigen Adeligen –, der mehr als 20 Jahre lang amtieren und unter anderem eine Prinzessin aus Azcapotzalco zur Frau nehmen wird.

Itzcoatl, Halbbruder des Königs, macht in dieser Zeit Karriere. Er kämpft an der Seite des Tlatoani gegen Nachbarvölker. Die Azteken erobern Land für ihren Oberherrn, den Herrscher von Azcapotzalco, aber auch für sich selbst. Und sie erhalten einen Anteil an den Tributen aus unterworfenen Gebieten. Womöglich – kein Text überliefert hier Einzelheiten – verschafft sich Itzcoatl auch daheim in Tenochtitlan Ansehen. Vielleicht ist er ein charismatischer Redner oder guter Organisator, oder es gelingt ihm, sich eine religiöse Aura zu verschaffen, vielleicht fängt man im Volk an zu glauben, Obsidianschlange sei ein Günstling der Götter.

Etliche Jahrzehnte bleiben die Azteken Vasallen von Azcapotzalco. Und daran ändert sich zunächst auch wenig, als Huitzilihuitl stirbt und ihm sein Sohn Chimalpopoca folgt. Dann jedoch bricht das Chaos aus. Denn nach langer Herrschaftszeit sinkt der alte Tlatoani des mächtigen Azcapotzalco ins Grab – und es entbrennt ein mörderischer Machtkampf, in den die Azteken hineingezogen werden, als Vasallen und als Verwandte des Königshauses, das sich nun blutig zerreißt.

Es ist vermutlich das Jahr 1426, und was genau geschieht, steht vielleicht in einem der kostbaren Bücher, die Itzcoatl später verbrennen lässt, heute kann man nur noch raten: Chimalpopoca von Tenochtitlan wird im neunten Jahr seiner Regierung, angeblich zusammen mit seinem kleinen Sohn, getötet. Hat jemand aus der

AUS DEM ZENTRUM des berühmten »Sonnensteins« blickt eine Gottheit, möglicherweise der Sonnengott Tonatiuh. Zahllose in Ringen gruppierte Symbole bedecken den fast vier Meter hohen Monolithen

DIE IN TUCH gehüllte Figur repräsentiert einen verstorbenen Herrscher, dessen Leichnam den Flammen übergeben wird. Die Männer im Hintergrund stehen für die Sklaven, die anlässlich seines Todes geopfert werden

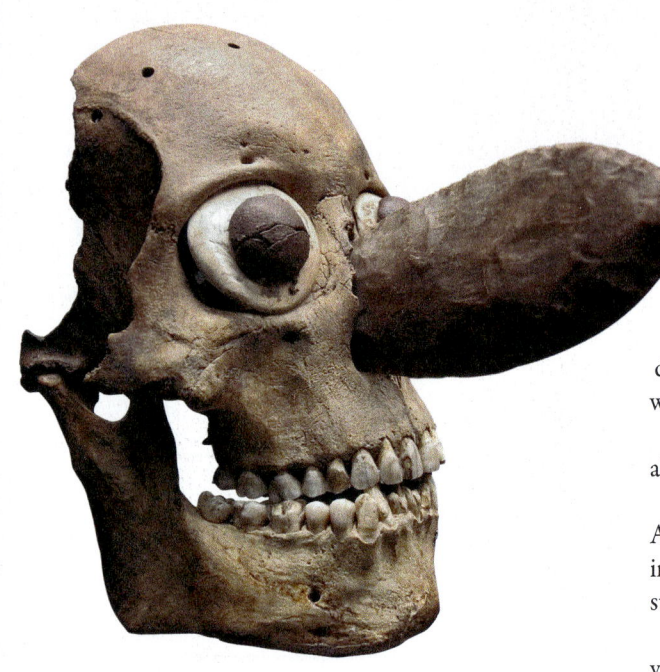

MASKEN WIE DIESE fertigen aztekische Künstler aus Schädeln enthaupteter Männer, vermutlich von hochrangigen Persönlichkeiten. Als Nase setzen sie eine Steinklinge ein

Königsfamilie von Azcapotzalco gedungene Mörder bis nach Tenochtitlan geschickt, um Chimalpopoca auszuschalten? Hatte der Aztekenherrscher, immerhin selbst ein Enkel des verstorbenen Oberherrn von Azcapotzalco, sich vielleicht im dort wütenden Machtkampf auf eine der Seiten geschlagen? Oder hat vielleicht gar Itzcoatl seine Hand im Spiel, der Sohn des ersten, Bruder des zweiten und Onkel des dritten Aztekenkönigs von Tenochtitlan? Man wüsste wirklich gern, was in manchen der verbrannten Bücher wohl gestanden hat …

Sicher ist: Niemand profitiert von Chimalpopocas Tod mehr als dessen Onkel Itzcoatl.

Die Azteken sind seit dem Verbrechen an ihrem Tlatoani in Aufruhr. Zumal der neue Herrscher von Azcapotzalco, der sich dort inzwischen etabliert hat, ihnen feindlich gegenübersteht. Er will sie stärker binden als sein Vorgänger, ihren Einfluss brechen.

Als sich nun die Mächtigen von Tenochtitlan zur Erhebung versammeln, suchen sie nach einem neuen Herrscher, einem Retter aus der Krise, einem echten Anführer. Und ist da Itzcoatl nicht der gewissermaßen natürliche Kandidat? Von königlichem Geblüt und wohl schon mehr als 40 Jahre alt – ein erfahrener Mann, in Kriegszügen gestählt, angesehen in Tenochtitlan und, wie sich nur zu bald herausstellen wird, entschlossen, klug, weitsichtig sowie, wenn es sein muss, rücksichtslos brutal.

So kommt es jedenfalls, dass wohl an einem Tag im Jahr 1427 Obsidianschlange, der Sohn einer unfreien Gemüseverkäuferin, zum neuen König der Azteken ausgerufen wird.

o

PRIESTER köpfen Vögel und werfen sie in ein Gewässer – womöglich ein Ritual gegen Dürren. Der mit Früchten besetzte Kaktus symbolisiert Tenochtitlan

EIN AUTHENTISCHES BILDNIS des Tlatoani ist nicht bekannt, es bleiben bloß begründete Spekulationen, weil zumindest Tracht, Schmuck und höfisches Verhalten späterer Könige in Chroniken überliefert worden sind. Vielleicht ist der Herrscher ein imposanter, jedenfalls im Kampf trainierter Mann. Nase, Lippen, Ohren sind durchstochen und mit Edelsteinen geschmückt. Womöglich trägt er ein Diadem aus Türkis, umhüllt ein türkisfarbener Mantel seinen Leib – Türkis ist die Farbe des Feuergottes Xiuhtecuhtli. Der Herrscher ist zugleich ein Halbgott, Mittler zwischen Unsterblichen und Menschen. Ob er auch selbst daran glaubt, göttlich zu sein?

Itzcoatl jedenfalls ist auch ein ziemlich ungöttlicher, sehr menschlicher und erfolgreicher Organisator sowie Diplomat. Zu ihrer Blütezeit knapp ein Jahrhundert später führen die Azteken Heere mit Zehntausenden Kriegern ins Feld. Itzcoatl befehligt sicherlich deutlich weniger Kämpfer, einige Tausend vielleicht, zu wenige wohl für den Krieg gegen Azcapotzalco. Doch Tenochtitlan wird nicht allein kämpfen: Itzcoatl schließt eine Allianz mit den Herrschern der Stadtstaaten Tetzcoco und Tlacopan.

Wie in weiten Teilen des Tals von Mexiko leben dort (und auch in Azcapotzalco) Menschen, deren Vorfahren einst aus den gleichen Gebieten eingewandert sind wie die Azteken; sie sprechen die gleiche

DIE FEINDE SOLLEN ZITTERN

DIE ADLERKRIEGER der Azteken bilden eine Eliteeinheit, die den Gegner im Nahkampf mit Obsidianschwertern attackiert (lebensgroße Terrakottafigur, 15. Jh.)

Sprache wie sie, teilen viele Sitten und Gebräuche mit ihnen.

Tetzcoco, an der Ostseite des gleichnamigen Sees gelegen, hat der neue Herrscher von Azcapotzalco erst kürzlich erobert; Tlacopan dagegen steht schon länger unter der Vorherrschaft des mächtigen Altepetl, will diese endlich abschütteln.

Es dauert jedoch, bis der Krieg beginnen kann. Von Ende Mai bis Anfang September ist Regenzeit, das Land ist unpassierbar. Danach muss die Ernte eingebracht werden. Kriegszüge finden daher meist nur zwischen November und Mai statt. Erst 1428 ist Itzcoatl so weit, an der Spitze des Dreibundes den Feind zu belagern.

Mehr als 100 Tage währt der Überlieferung zufolge der Kampf um Azcapotzalco, dann erobert Itzcoatl die Stadt, brennt sie nieder, lässt die meisten Einwohner abschlachten. Die Azteken sind nicht länger Vasallen – gemeinsam mit ihren Verbündeten sind sie nun selbst eine Macht und stellen innerhalb des Dreibunds sogar die stärkste Kraft dar.

In den folgenden Jahren schickt der Herrscher – man möchte fast vermuten: schier unersättlich eroberungssüchtig – seine Armeen immer wieder aus. Vor allem im Süden des Tals vergrößert Itzcoatl das Reich und unterwirft nach und nach weitere Stadtstaaten. Die Besiegten müssen Tribut leisten, liefern vor allem Mais, Bohnen und weitere Nahrungsmittel in das stetig größer werdende Tenochtitlan. Auch Frischwasser muss von weit her dorthin geleitet werden, die rasch wachsende Metropole steht ja mitten im Brackwasser.

DIESER TEIL eines mehr als drei Meter messenden Reliefsteins aus dem Haupttempel von Tenochtitlan zeigt das abgeschlagene Haupt der Mondgöttin Coyolxauhqui – wie ihr, so die Botschaft, werde es auch allen Feinden der Azteken ergehen

Die eroberten Gebiete werden neu organisiert: Itzcoatl lässt auf Leintüchern gemalte Landkarten anfertigen, die die Grenzen und die Menge an Tributen verzeichnen. Tribute, die auch an die Verbündeten Tetzcoco und Tlacopan gehen. Denn das, was Europäern später als „Imperium" erscheinen mag mit dem Aztekenherrscher als eine Art „Kaiser", bleibt bis zum Ende in Wahrheit eine Allianz dreier Verbündeter, die sich Land und Beute teilen. Auch werden die meisten Unterworfenen nicht ausgelöscht, sondern von einheimischen, zu Vasallen degradierten Königen oder vom Tlatoani von Tenochtitlan, dem Sprecher des Dreibunds, eingesetzten Gouverneuren beherrscht, doch behalten sie weiterhin ihre eigenen Götter und eine gewisse Autonomie. Es bleibt ein Flickenteppich kleiner Stadtstaaten, die nicht aus Überzeugung oder Loyalität den Azteken folgen, sondern allein aus Furcht. Und sie müssen Tenochtitlan auch den schlimmsten aller Tribute leisten: Menschen.

FEIN GEARBEITET ist dieser goldene Anhänger. Die Azteken nennen das glänzende Edelmetall auch »Kot der Götter«

Wann das erste Mal in Mesoamerika Menschen den Göttern geopfert werden, verliert sich im Dunkel der Geschichte, jedenfalls sehr früh schon. Die Azteken übernehmen diesen Brauch, steigern ihn aber ins grauenhafte Extrem. Unmöglich zu sagen, wie viele Leben sie auslöschen: Tausende? Zehntausende?

Die Menschenopfer sind keineswegs ein *Dank* an die Götter, sondern die Begleichung einer *Schuld* und auch eine *Vorleistung*: Man opfert Leben, damit der Kosmos im Gleichgewicht bleibt. Der Sonnen- und Kriegsgott Huitzilopochtli etwa ernährt sich von dem Blut der ihm Dargebrachten, um den Kampf gegen die Nacht immer wieder aufs Neue zu gewinnen. Töten die Azteken keine Menschen mehr, so glauben sie, dann wird die Nacht ewig währen.

Die Priester, die diese und andere Rituale durchführen, sind furchterregende Männer: Sie tragen die verfilzten, blutverschmierten Haare lang, oft bis zur Taille. Da sie sich häufig selbst mit Kaktusdornen kasteien, sind zum Beispiel ihre Ohren zerfetzt und vernarbt, ihre Leiber von Verwesungsgeruch umhüllt.

Manchmal verlangen die Götter nach Kindern oder Jungfrauen. Die weitaus meisten Opfer aber sind Kriegsgefangene, sind feindliche Kämpfer, die von Azteken in Schlachten überwältigt worden sind. Je nach Zeremonie werden den Ausgewählten etwa die Häupter geschoren oder die Körper weiß angemalt. Meist legt man sie danach rücklings auf eine große Steinplatte. Mit einer Obsidianklinge öffnet der Priester den Brustkorb und schneidet das blutige, noch zuckende Herz heraus, das er dann dem Volk präsentiert. Mitunter wird den Opfern danach der Kopf abgeschnitten. Andere werden gehäutet, manche gar rituell verspeist. Die Schädel von Getöteten werden auf

DURCH KRIEGE errichten die Azteken von Tenochtitlan aus nach und nach ihr Imperium – hier ziehen sie gegen den nahe gelegenen Stadtstaat Coyoacan

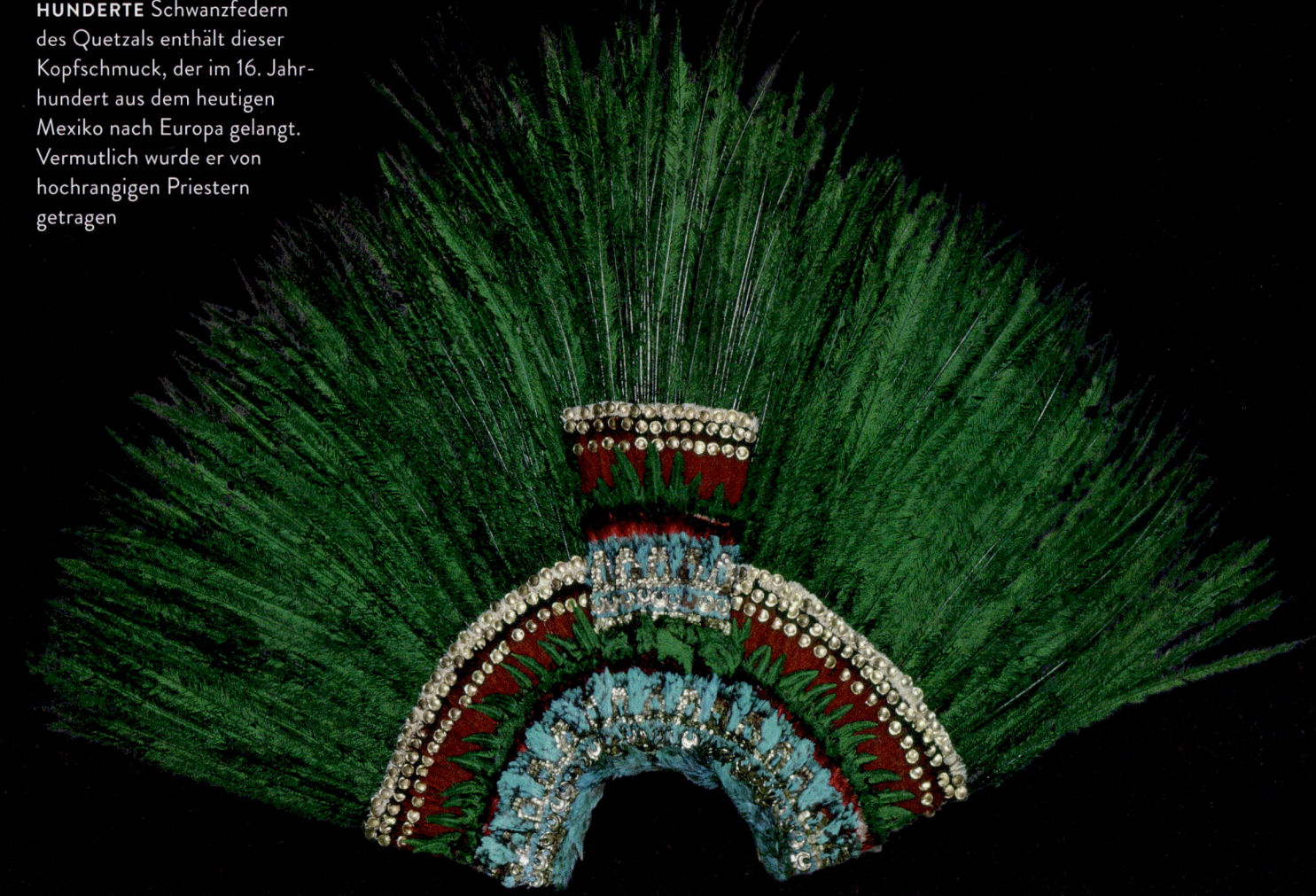

HUNDERTE Schwanzfedern des Quetzals enthält dieser Kopfschmuck, der im 16. Jahrhundert aus dem heutigen Mexiko nach Europa gelangt. Vermutlich wurde er von hochrangigen Priestern getragen

speziellen Gerüsten neben den Tempeln zur Schau gestellt. Das ist Religion, und wie jede Religion für Nichteingeweihte schwer zu verstehen und unmöglich zu glauben. Was haben die Azteken wirklich darin gesehen? Haben sie tatsächlich unbeirrbar gedacht, dass der Kosmos ins Chaos stürzt, wenn sie nicht regelmäßig zahllose Menschen opfern? Haben ihnen die Schädelberge, die Blutströme, die Verwesungsgerüche mitten in Tenochtitlan denn gar nichts ausgemacht? Oder schwingt dabei nicht auch ein anderes Kalkül mit? Haben die *religiösen* Opferungen nicht auch *politische* Bedeutung?

Einiges spricht dafür: Die blutigen Rituale sind der ultimative Terror, mit dem die Azteken – die Spätankömmlinge, das eine Volk unter vielen – die Nachbarn beherrschen. Etliche Altepetl unterwerfen sich, nun ja, „freiwillig", statt sich auf einen Krieg gegen diese Massenmörder einzulassen. Und trotz drückender Tribute wagen sie selbst dann keinen Aufstand, wenn das Aztekenheer wieder abgezogen ist. Andererseits befeuern die Menschenopfer immer neue Kriege. Man kann von einmal unterworfenen Völkern ja nicht zu viele Leben auslöschen, dann wäre niemand mehr da, der Tribute liefert. Also greifen die Azteken immer entferntere Nachbarn an, da ihre Götter immer neue Opfer fordern und man nur im Krieg genügend Feinde gefangen nehmen kann. Prinzipiell also ist der Eroberungsdrang der Azteken grenzenlos, sie wären bis ans Ende der Welt marschiert, um ihre Götter zu ernähren.

°

ZUMINDEST ITZCOATL SELBST darf man neben seinem Glauben einen kühlen Zynismus der Macht zutrauen. Um 1430, nachdem seine ersten großen Siege die Herrschaft stabilisiert haben, lässt er alle Bücher in seinem Reich sammeln, in denen die unterworfenen Völker wie auch die Azteken selbst ihre Geschichte aufgezeichnet haben, und auf den Scheiterhaufen werfen. Angeblich ist auch das ein Opfer an die Götter – ein Opfer allerdings, das die Azteken so vermutlich nie zuvor begangen haben und danach nie wieder begehen werden. Und ob

Xochipilli, dem Gott der Blumen und der Poesie, diese Gabe wohl gefallen hat?

Tatsächlich ist die Vernichtung von Schriften durch Feuer, wie so viele Bücherverbrennungen überall auf der Welt und in allen Epochen, vor allem ein politischer Akt. Itzcoatl verbrennt alle Werke, in denen er die Gefahr wähnt, dass vielleicht ein Text den Aufstieg der Azteken nicht als von den Göttern gewollt und also zwangsläufig schildert. Dass womöglich in alten Büchern ein anderes Volk als auserwähltes gerühmt wird. Dass gar irgendwo angedeutet wird, andere Brüder und Söhne der Königsfamilie seien die legitimen Herrscher gewesen – und nicht er, Obsidianschlange, der Sohn einer Sklavin.

Nach dem Feuer lässt Itzcoatl die Geschichte, die Mythen, die Tributlisten, die Poesie seines Volkes neu erstehen. So beschreiben Dichter seines Volkes die Azteken nun, ohne dabei die Legende von der Insel Aztlan zu vergessen, doch irgendwie auch als Nachfahren der Tolteken. Haben nicht schon die Tolteken gewaltige Tempel errichtet und den Göttern Menschen geopfert? Itzcoatl und seine Dichter verwandeln die aus dem Norden eingewanderten mittellosen Krieger in die legitimen Erben der einstmals dominierenden Zivilisation im Tal von Mexiko. Wieder schaffen gelehrte Schreiber also wundervolle Bücher, doch nun schreiben sie jeden Text so, dass er den Ruhm der Azteken und die Legitimität ihres Königs verherrlicht.

Dem König bleiben dann noch etwa zehn Jahre, bis er 1440 ins Grab sinkt, vermutlich niedergestreckt von einer Krankheit. Bis zu seinem Tod leitet er die Neuschreibung der Geschichte seines Volkes. Von den alten Büchern überdauert kein einziges die Scheiterhaufen.

AUCH DIESES fein verzierte Opfermesser mit Feuersteinklinge nutzte einst wohl ein mächtiger Priester

---

LITERATURTIPPS

CAMILLA TOWNSEND
»Fünfte Sonne – Eine neue Geschichte der Azteken«
Sehr auf die aztekischen Texte selbst gestützt (C. H. Beck).

MANUEL AGUILAR-MORENO
»Handbook to Life in the Aztec World«
Etwas ungeordnete, aber reichhaltige Darstellung (Facts On File).

Lesen Sie auch »Azteken: Der Ketzer von Mexiko« (aus GEOEPOCHE Nr. 15) über indigene Adelige unter der Herrschaft der Konquistadoren auf www.geo-epoche.de

---

IN KÜRZE

Als die Azteken um 1250 in das zentrale Hochtal im heutigen Mexiko einwandern, sind dort längst mächtige Stadtstaaten etabliert, sogenannte Altepetl. Ihnen müssen sich die Neuankömmlinge zunächst unterordnen. Um 1430 dann erstreiten sie sich ihre Unabhängigkeit. Zu diesem Zweck geht ihr König Itzcoatl einen Bund mit zwei anderen Altepetl ein – und legt so den Grundstein für das aztekische Imperium.

Itzcoatl ist somit der erste große Eroberer der Azteken sowie gewissermaßen der Schöpfer ihrer Entstehungsgeschichte und damit deren eigentlicher „Reichsgründer" – wobei die Anführungszeichen hier sehr dick gesetzt werden müssen. Denn zugleich mit der Macht, die er erschafft, erschafft er auch die Schwäche des Reiches, die später zu ihrem Fluch werden wird. Itzcoatl formt mit seinen Verbündeten einen Dreibund, in dem die Azteken vielleicht dominieren, sich doch aber Land und Tribute stets mit den anderen teilen müssen. Und selbst wenn Tenochtitlan die Führungsrolle in dem zunehmend größer werdenden Imperium innehat: Es gibt keine Zentralmacht, keine straffe Verwaltung, kein stehendes Heer, kein in Religion, Handel, Sprache vereinheitlichtes Reich.

Was es aber gibt: viele niedergezwungene Völker, die allen Grund haben, die Azteken zu hassen. Weil sie besiegt worden sind, weil sie Tribute leisten müssen, in Form von Gütern und von Menschen. Völker, die sich jedem anderen Feind anschließen würden, nur um dem Joch von Tenochtitlan zu entkommen.

Ob Itzcoatl diese Schwäche erahnt hat? Vermutlich nicht. Selbstverständlich weiß er nichts von den Europäern und was seinem Volk durch die Spanier droht (siehe Seite 42). Doch offenbar hat er Zeit seines Lebens auch nie verstanden, was er selbst den Azteken durch die Bücherverbrennung angetan hat. Erst sein Neffe und Nachfolger Moctezuma I. – seinerseits ein großer Eroberer und Herrscher, der das Einflussgebiet der Azteken weit über das Tal von Mexiko hinaus ausdehnt – begreift das. Er entsendet angeblich Krieger und Gelehrte zu einer Expedition auf der, man möchte fast sagen, verzweifelten Suche nach Wissen, nach der legendären Insel Aztlan, kurz: nach der Identität der Azteken.

Sie finden die Insel tatsächlich. Davon berichtet zumindest mehr als 100 Jahre später ein spanischer Chronist. Doch wo sie lag, ist nicht überliefert.

Von den unter Itzcoatl und seinen Nachfolgern geschriebenen Werken wird übrigens kaum eines erhalten bleiben. Die Bücher der Azteken, die bis heute überdauert haben, entstehen fast alle erst nach der Ankunft der Europäer. ◊

1519
Malinche

DIE INDIGENE Malinche kommt, wohl von ihrer Familie verstoßen, als Sklavin in das Lager der Spanier, kann sich jedoch bald als Übersetzerin und wichtige Beraterin von Cortés behaupten. Für ihn spricht sie auch vor dem Aztekenherrscher Moctezuma II. – dessen Reich in einem Blutbad untergeht

DIE STIMME DER FREMDEN

Als der spanische Eroberer Hernán Cortés ab 1519 das Aztekenreich unterwirft, setzt er nicht nur auf Gewalt, sondern auch auf Diplomatie. Dabei hilft ihm eine sprachbegabte Einheimische – die dafür später zutiefst verachtet wird

TEXT: *Jens-Rainer Berg*

SIE STEHEN SICH GEGENÜBER, die zwei mächtigen Männer: rechts Moctezuma II., Herrscher über das Imperium der Azteken, in üppigem Gewand; links, in Rüstung, der spanische Konquistador Hernán Cortés. So hat ein indigener Zeichner im 16. Jahrhundert ihr denkwürdiges erstes Aufeinandertreffen am 8. November 1519 dargestellt. Doch die vielleicht wichtigste Person befindet sich zwischen den beiden, in der Mitte des Bildes: eine Frau namens Malinche.

Sie wird zur entscheidenden Gestalt beim wohl folgenreichsten Ereignis der mexikanischen Geschichte: der Eroberung durch die Spanier. Als unverzichtbare Übersetzerin, aber auch als Beraterin, Diplomatin, als Wissenslieferantin über eine fremde Welt hilft die Einheimische dem Konquistador bei seiner gewaltvollen Unterwerfung der Azteken. Eine Wandlerin zwischen den Welten, die dereinst großen Hass auf sich ziehen wird.

Gerade ist Hernán Cortés im März 1519 mit rund 500 spanischen Kämpfern an der Ostküste des heutigen Mexiko gelandet und hat eine erste Schlacht gegen Einheimische gewonnen, da schenkt ihm ein geschlagener Fürst 20 Sklavinnen, die die Spanier taufen lassen und dann zu Partnerschaften mit Expeditionsteilnehmern zwingen.

Eine unter den Frauen sticht heraus: Augenzeugen schildern die damals etwa 17-jährige Malinche als besonders hübsch – und sie beherrscht offenbar mehrere Sprachen. Aufgewachsen als Adelige einer Völkerschaft im Machtbereich der Azteken, spricht sie das in der gesamten Region verbreitete Nahuatl; doch von ihrem Stiefvater wohl wegen eines Erbstreits als Sklavin ins Gebiet der Maya verkauft, kennt sie auch das dortige Idiom. Gemeinsam mit einem Spanier, der Jahre zuvor als Schiffbrüchiger in der Gegend gestrandet war und ebenfalls der Maya-Sprache mächtig ist, verschafft sie Cortés so eine Brücke zu den Einheimischen. Bald nimmt der herrische Konquistador sie zur Geliebten; binnen Kurzem lernt sie auch das Spanische.

Schnell wird klar, wie wichtig Malinche, oder Doña Marina, wie die Spanier sie nennen, für Cortés ist. Denn seine Strategie fußt nicht nur auf brachialer Gewalt, sondern zugleich auf Allianzen. Durch Drohung, Druck, aber auch geschickte Überredung gelingt es ihm auf seinem Zug ins Landesinnere in Richtung der aztekischen Kapitale Tenochtitlan, mehr und mehr einheimische Verbündete um sich zu scharen, die an Zahl die Spanier rasch um ein Vielfaches übersteigen.

Das Reich der Azteken ist kein geschlossener Staat, mehr ein Gebilde aus abhängigen Völkern, die einem oft tyrannisch auftretenden Dreibund unter Führung Tenochtitlans Tribut leisten. Um dieser Oberhoheit zu entkommen (oder, wie im Fall der bislang eigenständigen Tlaxcalteken, die Unabhängigkeit von den Azteken zu verteidigen), sind viele Anführer offen für Bündnisse – selbst mit vollkommen fremden Mächten. Ein gemeinsames Bewusstsein der Indigenen gibt es nicht; die Spanier werden eher wahrgenommen wie ein weiterer Teilnehmer im generationenalten Ringen um Dominanz.

Malinche, die diese Welt kennt, versorgt Cortés mit Wissen über lokale Rivalitäten, die er ausnutzen kann. Sie findet bei den Verhandlungen des Konquistadors die richtigen Worte. Manchmal kann sie Blutvergießen verhindern, manchmal aber folgen auf ihre Einmischung auch Gräueltaten der Spanier, etwa wenn sie einheimische Spione entlarvt oder auf Verschwörungen hinweist.

Selbstbewusst tritt sie sogar vor dem großen aztekischen Herrscher Moctezuma II. auf, als Cortés Tenochtitlan erreicht und zunächst Gespräche mit dem Oberhaupt führt – ehe die Gewalt eskaliert. Der wendungsreiche Kampf der Spanier und ihrer Verbündeten gegen die Azteken endet in einer überaus blutigen Belagerungsschlacht. Die von den Pocken geschwächten Verteidiger von Tenochtitlan müssen sich im August 1521 geschlagen geben. Es ist der faktische Beginn der spanischen Kolonialherrschaft im späteren Mexiko.

Malinche, die Cortés im Jahr darauf einen Sohn gebiert, bleibt auch danach in Diensten der Spanier, reist sogar einmal nach Madrid und stirbt wahrscheinlich in den 1530er Jahren.

Zu Lebzeiten auch von Indigenen als bedeutende Persönlichkeit respektiert, ja mitunter verehrt, ändert sich der Blick auf sie später beträchtlich. In Zeiten der Nationalbewegung im 19. Jahrhundert steht sie bei vielen Mexikanern für Verrat an den Einheimischen, gilt sie als niederträchtige Kollaborateurin mit den erbarmungslosen Spaniern.

Erst seit dem späten 20. Jahrhundert sehen Forschende Malinche differenzierter – und erblicken in ihr vor allem eine Verstoßene, die sich in einer komplizierten, kriegerischen Welt behaupten wollte. ◊

um 1780
Kolonialzeit

EINE

STADT
NAMENS MEXIKO

Nach ihrem Triumph über die Azteken gründen die spanischen Eroberer eine Kolonie, die rund 300 Jahre bestehen wird. Verwaltet und regiert wird ihr Reich von ebenjenem Ort aus, an dem schon ihre indigenen Vorgänger herrschten. Mexiko-Stadt, die Erbin des aztekischen Tenochtitlan, wächst zu einer blühenden Metropole heran – in der trotz allen Reichtums das Elend nie weit ist. Ein Spaziergang durch die Stadt im späteren 18. Jahrhundert

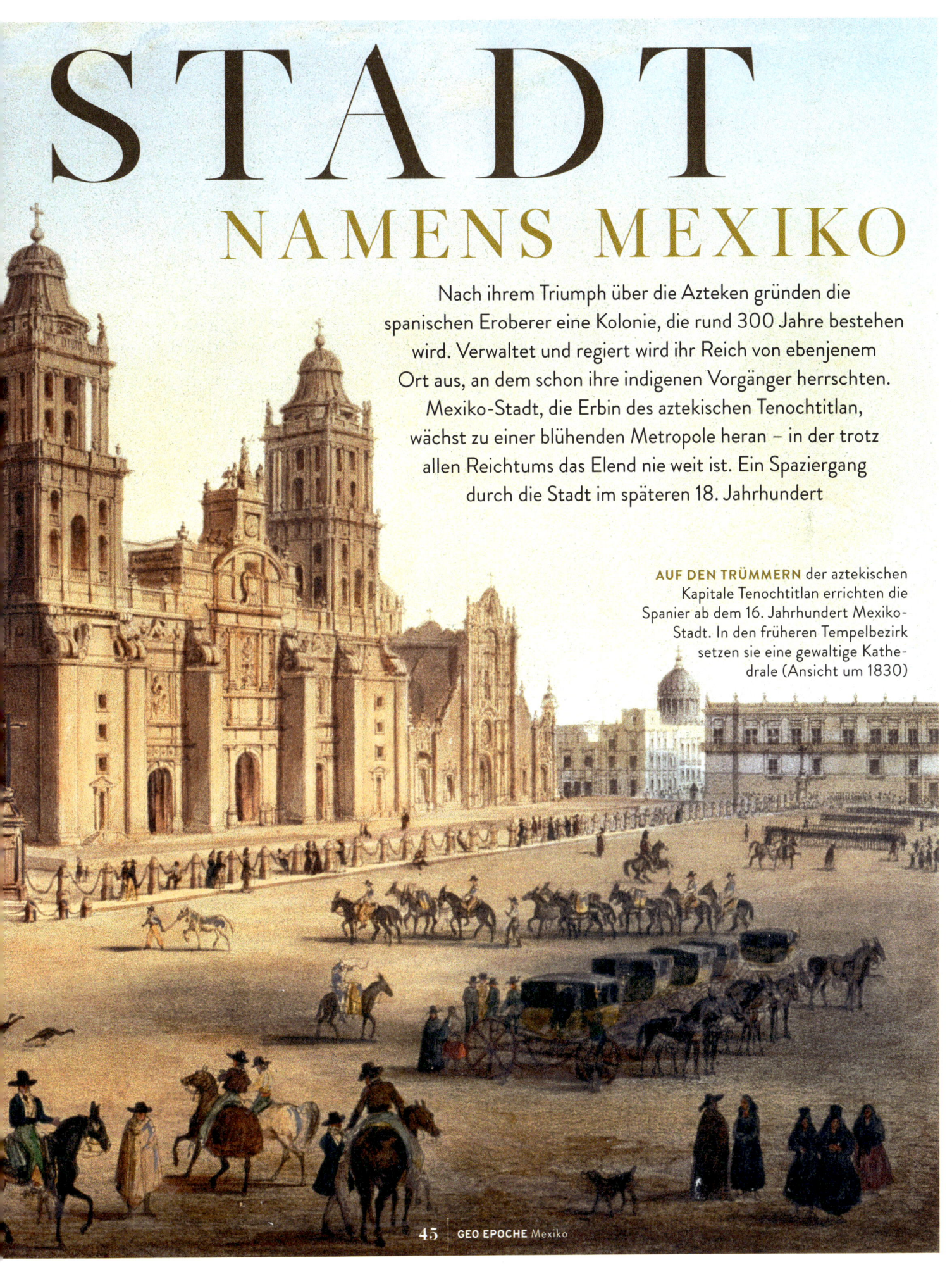

AUF DEN TRÜMMERN der aztekischen Kapitale Tenochtitlan errichten die Spanier ab dem 16. Jahrhundert Mexiko-Stadt. In den früheren Tempelbezirk setzen sie eine gewaltige Kathedrale (Ansicht um 1830)

um 1780 | Kolonialzeit

DAS ZENTRUM von Mexiko-Stadt, in dem sich auch das Kloster des heiligen Augustinus befindet (l.), ist ursprünglich allein den Spaniern vorbehalten. Hier verlaufen die Straßen schnurgerade (r.) und folgen einem strengen Schachbrettmuster. Die indigenen Bewohner leben in eigenen Vierteln

TEXT: *Alexandra Gittermann*

Der Tag hat kaum begonnen, Mexiko-Stadt liegt noch im Halbdunkel des frühen Morgens, doch in den Straßen und Gassen der Metropole sind schon etliche Menschen unterwegs. Viele von ihnen laufen, beladen mit allerlei Gerätschaften und Waren, Richtung Zentrum: zur Plaza Mayor. Dort, wo sich nun dieser gewaltige Platz erstreckt, 240 Meter breit und rund 200 Meter lang, strömten einst Abertausende von Azteken zusammen, um am Fuße eines pyramidenförmigen Tempels ihren Göttern zu huldigen. Doch nun, im ausgehenden 18. Jahrhundert, befindet sich hier das Machtzentrum der spanischen Eroberer.

An seiner Ostseite steht der Palast des Vizekönigs, Stellvertreter des spanischen Monarchen in Nord- und Mittelamerika. Unweit seiner prächtigen Fassade beginnen diejenigen, die in aller Frühe auf den Platz kommen, Stände zu errichten, und nach und nach erwachen so gleich mehrere Märkte zum Leben. Sie beschreibt um 1778 mit einigem Stolz der Geistliche JUAN DE VIERA:

> Hier auf diesem Platz sieht man Berge an Früchten, unzählige Stände mit Gemüse und Getreide, mit Zuckerrohr und Maiskolben, mit vielerlei Fischen, die aus den umliegenden Seen stammen, dazu reichlich Enten und andere Wasservögel, von denen in Mexiko jeden Tag sechs- bis siebentausend verbraucht werden. Überall gibt es Brot, dazu *tamales*, die aus gekochtem und gemahlenem Mais mit Salz und Butter bestehen, einige gefüllt mit Schweinefleisch mit gemahlenem Chili, andere süß und wieder andere mit Fisch, sowie *atole*, eine Art gemahlener und in Wasser gekochter Mais, der das gewöhnliche Frühstück der Armen ist.
>
> Auf anderen Tischen liegen unzählige Utensilien, aus Elfenbein, Stein, Eisen und Kupfer, Nadeln, Feilen, Messer, Schrauben, Ziegeln, Zündhölzer. Dahinter hängen Kleider, Gehröcke, Hosen, Hemden, Unterröcke, Strümpfe, Hüte, Stiefel, Sporen, Äxte, Hämmer, Töpfe, Pfannen und Kessel.
>
> In der Markthalle, die wie eine Burg gebaut ist, gibt es Waren aus Europa ebenso wie aus China und aus dem eigenen Land, eine unüberschaubare Auswahl an Keramik, Juwelen, Silber, Uhren, Gläser, Schwerter, Feuerwaffen, Bücher, Bilder. Die Masse an Menschen, die sich durch sie bewegt, rempelt sich gegenseitig an.
>
> Auf der angrenzenden Plaza del Volador bauen und verkaufen Indios Betten, ebenso Regale, Kisten in allen Größen, Hocker und Bänke. Zwischen diesem Platz und dem Palast des Vizekönigs verläuft der Königliche Kanal, auf dem alle Nahrungsmittel vom See auf die Plaza gelangen. Jeden Tag wird hier der Inhalt von mehr als 2000 Kanus abgeladen, ohne diejenigen mit einzurechnen, deren Zahl man vorsichtig auf 10 000 schätzt, die ihre Ernte zu anderen Anlegestellen der Stadt bringen.*

*Kürzungen in den Zitaten sind nicht kenntlich gemacht

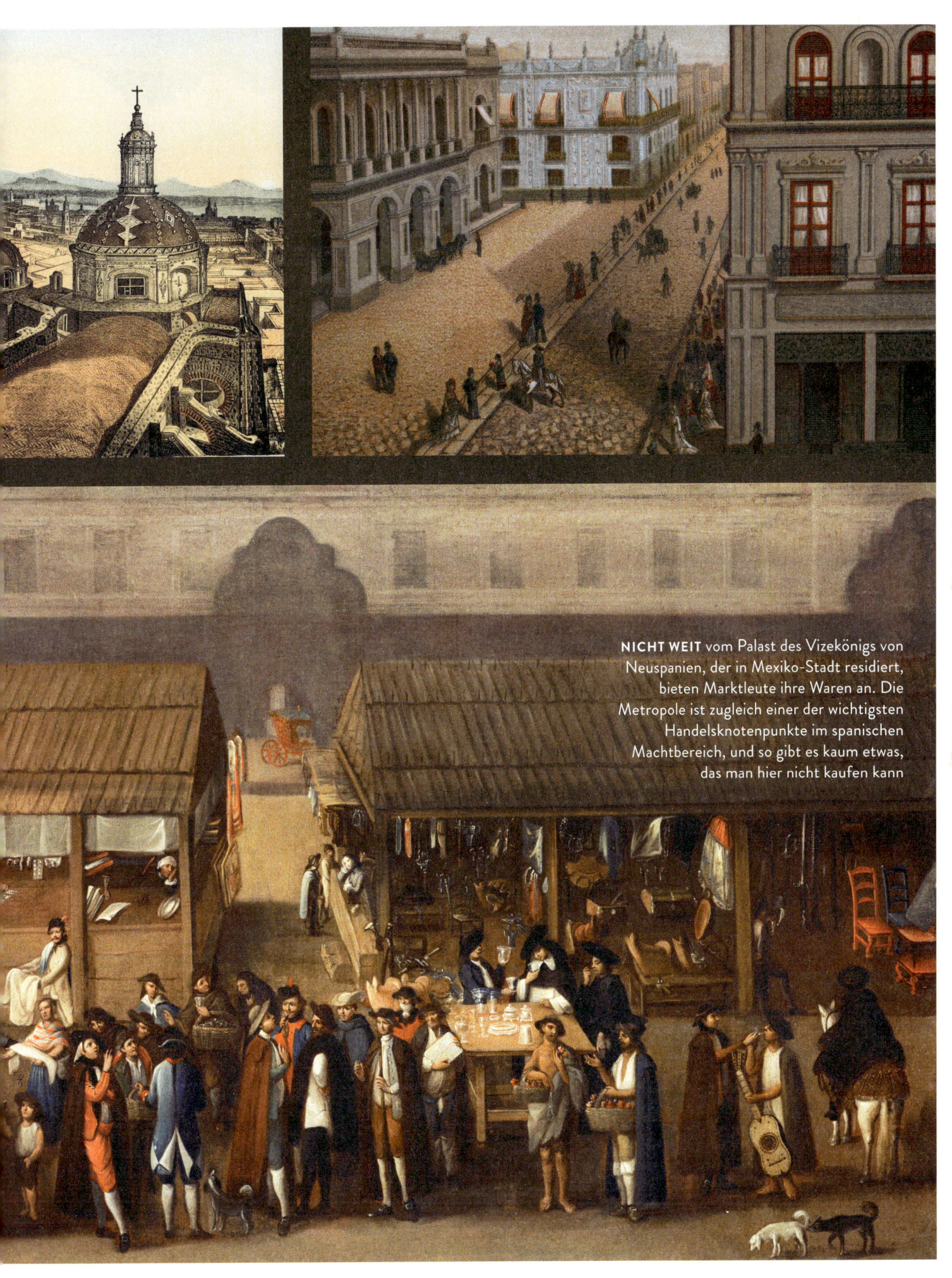

NICHT WEIT vom Palast des Vizekönigs von Neuspanien, der in Mexiko-Stadt residiert, bieten Marktleute ihre Waren an. Die Metropole ist zugleich einer der wichtigsten Handelsknotenpunkte im spanischen Machtbereich, und so gibt es kaum etwas, das man hier nicht kaufen kann

um 1780 | Kolonialzeit

DER WEG NACH Mexiko-Stadt führt auf eine Hochebene. Doch auch sie wird noch von den schneebedeckten Vulkanen Popocatepetl (r.) und Iztaccihuatl (l.) überragt. Beide sind mehr als 5000 Meter hoch (Gemälde von José María Velasco, um 1880)

Mit vermutlich etwa 130 000 Einwohnern ist Mexiko-Stadt die mit Abstand größte Metropole Amerikas und einer der wichtigsten Handelsknotenpunkte des spanischen Imperiums. Auf Inseln in einem See errichtet, bilden Brücken und Wasserwege ihre Lebensadern. Und enorm profitiert die Kapitale von den Errungenschaften der Unterworfenen: Über Jahrhunderte haben Indigene an seichten Stellen des Sees Pfähle ins Wasser gerammt, Schlamm und Erde aufgeworfen und mit Schilfgeflecht befestigt, sodass sich dort künstliche Inseln gebildet haben. Deren fruchtbarer Boden gebiert einen Großteil der Vielfalt an Früchten und Blumen, die jeden Morgen in Kanus zur Plaza Mayor gebracht werden.

Die bedeutendste der zahllosen Waren aber ist Silber. Seit den 1540er Jahren holen Arbeiter das Edelmetall aus stetig zahlreicher werdenden Minen. Und haben so eine meist spanischstämmige Elite aus Bergwerksbesitzern und Kaufleuten reich gemacht, die sich opulente Paläste bauen lässt, ihren Wohlstand auch mit luxuriösen Kutschen samt Gefolge zur Schau stellt.

Nicht jedem in der Stadt gefällt das. So kritisiert der gestrenge spanische Jurist HIPÓLITO VILLARROEL, Angehöriger der vizeköniglichen Verwaltung, um 1786 in einem Traktat über die „Politischen Krankheiten", an denen die Hauptstadt Neuspaniens seiner Ansicht nach leidet, das Gebaren der Oberschicht:

> Man sagt, dass sicher mehr als 637 Kutschen täglich durch die Hauptstadt fahren, ohne diejenigen mitzuzählen, die nur an Feiertagen oder zu anderen besonderen Anlässen hervorgeholt werden. Dass es diese Kutschen und andere Dinge der Eitelkeit,

DIE SPANIER bilden die Elite im Kolonialreich, allerdings stellen sie stets nur eine Minderheit. Die meisten Bewohner sind Indigene, schwarze Sklaven beziehungsweise deren Nachfahren, oder aber sie sind gemischter Herkunft, wie die Kinder auf den oberen beiden Bildern. Vor allem die ärmeren Schichten treffen sich in den Pulquerías (u.), wo fermentierter Agavensaft ausgeschenkt wird

der Prahlerei und des Luxus bei denjenigen gibt, die sie wegen ihres Charakters und Lebensumständen besitzen, ist nicht überraschend. Aber es kann vermieden werden, dass diese Kutschen dazu beitragen, die Straßen zu beschädigen, und unzählige andere Schäden und Unannehmlichkeiten für die anderen Bürger mit sich bringen. Ich möchte fragen, aus welchem Grund man nicht seit Langem jedem Besitzer einer geschlossenen Kutsche eine jährliche Abgabe von 50 Pesos für die Pflastersteine und die Säuberung auferlegt, damit sie zur Erhaltung der Straßen beitragen, die sie unaufhörlich beschädigen.

Die Kutscher und die Lakaien, die sie begleiten, in allem wohl um die 3000 Männer, gehören zu den dreistesten und durchtriebensten Menschen. Warum muss man ihnen erlauben, dass sie eine grenzenlose Zügellosigkeit an den Tag legen, jeden überfahren, der ihnen in den Weg kommt, Kindern, Männern wie Frauen den Tod bringen, Arme und Beine brechen?

Es ist kein Zufall, dass die Paläste der Eliten in der Nähe der Plaza Mayor liegen. Als der Eroberer Hernán Cortés 1521 beschließt, auf den Trümmern der aztekischen Hauptstadt Tenochtitlan die Kapitale des neuen Reiches zu errichten, folgen seine Architekten, ganz im Geiste der Renaissance, antiken Ideen der idealen Stadt: Von einem zentralen Platz, an dem die wichtigsten Institutionen und Gebäude liegen, gehen gerade, rechtwinklig angelegte Straßen ab und ergeben ein Muster, das an ein Schachbrett erinnert. In Mexiko-Stadt erstreckt sich dieser Teil, „Traza" genannt, von Nord nach Süd über vier, von Westen nach Osten über drei Kilometer. Ursprünglich war er nur für die spanischen und spanischstämmigen Bewohner reserviert. Die unterworfenen Indigenen sollten sich außerhalb ansiedeln.

Doch die strikte Trennung hat nicht lange Bestand. Indigene kommen und gehen jeden Tag, da die Elite auf ihre Arbeitskraft angewiesen ist, siedeln nach und nach auch innerhalb der Traza. In den Straßen um die Plaza Mayor bieten so etliche Handwerker Waren an, wie JUAN DE VIERA berichtet:

> In der Straße, die sie Calle de Mesones nennen, gibt es viele Metallwerkstätten, wo man Eisen verarbeitet, sei es für Steigbügel oder Trensen, oder andere, in denen man Waffen fertigt. Ganz in der Nähe befindet sich die Calle de San Francisco, wo sich zu beiden Seiten Geschäfte für Silberwaren befinden, die zugleich Werkstätten sind und in denen unzählige Handwerker arbeiten. Jeder Eingang ist wie der Eintritt in eine kleine Wunderwelt für alle, die ihn durchqueren, denn außer Platten, Schüsseln, Tellern, Messern, Krügen, Kerzenständern und anderem, was man dort sieht, hängen schon an den Türflügeln kleine Schaukästen, manche aus Ebenholz und Elfenbein, andere aus Schildkrötenpanzer und Muscheln, andere aus edlen Hölzern und Glas, die Schmuck aus Diamanten, Smaragden, Rubinen, Topasen, Saphiren, Perlen und zahllose andere Kostbarkeiten enthalten.

> Ich bezweifle, dass es in Europa irgendeinen Ort gibt, an dem man mehr aus Silber hergestellte Gefäße oder mehr aus Gold gefertigten Schmuck findet. Hier in der Stadt jedoch ist dies so gewöhnlich, dass es kaum ein Haus mittleren Standes gibt, wo nicht in silbernen Schüsseln aufgetischt wird, und es ist normal für die Frauen, sogar für die der Handwerker, silberne Teller für ihre Mahlzeiten zu benutzen. Und auch noch die ärmeren Frauen, die

nur wenige Annehmlichkeiten genießen, tragen silberne Schnallen und Medaillons aus demselben Metall. Jeder Angestellte geht an den Feiertagen so herausgeputzt aus dem Haus, als wäre er ein Händler der königlichen Flotten, mit zwei Uhren wie noch der feinste Herr. Ebenso präsentieren sich ihre Frauen, die sich in ihrer Kleidung nicht von den feinen Damen unterscheiden. Es ist wundervoll, sie so in den Kirchen und beim Flanieren zu sehen, dass man nicht erkennen kann, welche die Frau eines Grafen und welche die eines Schneiders ist.

Juan de Viera, stets bemüht, seine Heimat in gutem Licht zu präsentieren, übersieht geflissentlich: Längst nicht jeder Bewohner Mexiko-Stadts hat Teil an den sagenhaften Silberschätzen. In der zweiten Hälfte des 18. Jahrhunderts wächst die Bevölkerung Mexikos rasant, und die Kapitale zieht Tausende an, die auf ein besseres Leben hoffen. Viele von ihnen sind indigene Bauern, die ihr Land an spanischstämmige Grundbesitzer verloren haben oder deren karge Parzellen in Zeiten von Missernten nicht ausreichen, um ihre Familien zu ernähren.

Sie verdingen sich als Marktfrauen, Näherinnen, Wäscherinnen oder Hausangestellte, als Lastenträger, Maler, Schmiede oder Bauarbeiter. Dasselbe gilt für die Nachfahren afrikanischer Sklaven, die ebenfalls einen großen Teil der Stadtbevölkerung ausmachen. Viele von ihnen leben in mehrstöckigen, überfüllten Mietshäusern, müssen sich abfinden mit Enge und Dunkelheit, Feuchtigkeit und Gestank.

Der Buchhändler FRANCISCO SEDANO, der ab den 1750er Jahren das Stadtleben für die Nachwelt festhält, schildert, was für die Menschen Alltag ist:

An jeder Ecke findet man einen großen Berg Müll. Mit der größten Freizügigkeit kippt man zu jeder Stunde Widerlichkeiten in die Straßen und Kanäle: Müll, Mist, gar tote Pferde und Hunde. Jeder erleichtert sich zu jeder Zeit, ohne Respekt vor den anderen, wo es ihm beliebt. Das Pflaster ist schlecht und uneben, und deshalb, und auch aufgrund des Unrats, staut sich das Wasser und macht die Straßen schwer passierbar. Wenn es regnet, bildet sich so viel Schlamm, gemischt mit all dem Dreck, dass es kaum zu beschreiben ist, und wenn man einen Berg Müll entfernt, erhebt sich, wenn man ihn bewegt, ein pestilenter Gestank wie eine Rauchwolke. Es lohnt sich nicht, eine Straße auch nur für eine Stunde zu säubern, denn kaum hat man einen Berg Müll entfernt, fangen sie sofort wieder damit an, mehr Müll an denselben Ort zu werfen.

Viele, die das Elend nicht mehr ertragen können, greifen zum Alkohol. Meist handelt es sich dabei um *pulque*, den fermentierten Saft von Agaven, die rund um Mexiko-Stadt angebaut werden. Und auch wenn es unter den Wohlhabenden mittlerweile en vogue ist, eine der zahllosen *pulquerías* der Stadt zu besuchen: Im Grunde bleibt Pulque das Getränk der Armen. Der Jurist HIPÓLITO VILLARROEL beschreibt dessen Rolle für den Alltag der Stadt:

Jede Pulquería ist ein Ort, in der Ehebrüche, wilde Ehen, Schändungen, Diebstähle, Raubzüge, Morde, Streitereien, Körperverletzungen und andere Delikte geschmiedet werden. Sie sind Theater, in denen sich Männer und

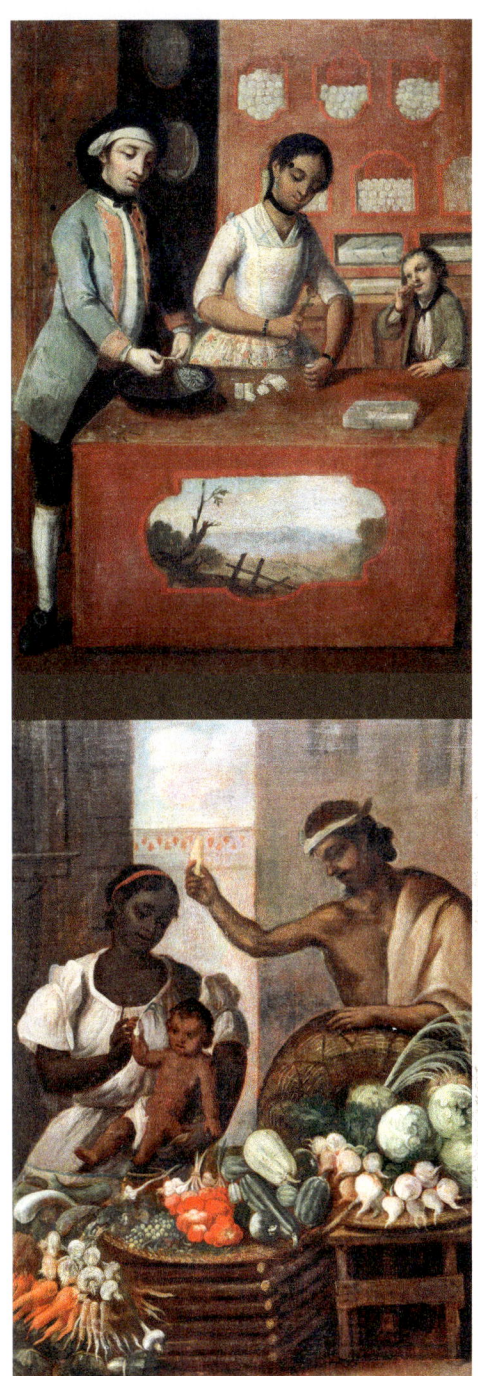

IN DER SPANISCHEN Kolonie entwickelt sich im 18. Jahrhundert sogar ein eigenes Kunstgenre, das die ethnische Vielfalt – und vor allem die daraus abgeleiteten Hierarchien – ins Bild setzt. Der Schöpfer dieser beiden Gemälde, Miguel Cabrera (1695–1768), hatte selbst sowohl spanische als auch indigene Vorfahren

um 1780 | Kolonialzeit

NEUSPANIEN verdankt seinen Reichtum vor allem der Gewinnung von Silber, und so verwundert es nicht, dass die Königliche Bergbau-Akademie in einem Palast residiert (o. l.). In der zweiten Hälfte des 18. Jahrhunderts wächst Mexiko-Stadt rasant. Viele Neuankömmlinge finden Arbeit auf den Märkten (o. r.)

Frauen in die abscheulichsten Höllenfurien verwandeln, aus deren Mündern die raffiniertesten Obszönitäten kommen.

Dies ist der Grund für das Elend so vieler Unglücklicher, die ihre Frauen und Kinder hungrig zurücklassen, da sie zügellos alles ausgeben, was sie am Tag oder in der Woche verdient haben. Dies sind die Ergebnisse der Sorglosigkeit, der Unterlassung und der Nachsicht der Richter, denen es kein Grauen einflößt, wenn sie Männer und Frauen in den Straßen liegen sehen, als wären es Hunde, wehrlos, sodass ein Kutscher, der so betrunken ist wie sie selbst, sie überfahren kann.

Bei so viel Schmutz, Hunger und Elend leben vor allem die armen Bewohner von Mexiko-Stadt in ständiger Furcht vor Seuchen wie Pocken, Masern, Typhus, Syphilis. Die Sorge um die Kranken liegt überwiegend bei der Kirche. Sie ist überall. 20 reich verzierte Gotteshäuser und fast 40 Klöster sind über die ganze Stadt verteilt. Für die Pflege der Patienten erhalten die religiösen Orden Spenden von wohlhabenden Bürgern, die damit ihre Frömmigkeit unter Beweis stellen. Der Geistliche JUAN DE VIERA erzählt vom Alltag in den Krankenhäusern:

Zwölf Krankenhäuser gibt es in dieser Stadt. Unter ihnen befindet sich das Königliche Hospital, das Seine Majestät für die Indios unterhält. Es hat Kaplane, die sowohl die Sprache der Otomí als auch Mexikanisch* und Mazatekisch sprechen, um die Kranken versorgen zu können.

Der Eroberer Hernán Cortés selbst gründete das Hospital de Jesús Nazareno. Seine Zimmer sind außergewöhnlich schön. In ihrer Mitte befindet sich ein Altar, an dem täglich die Messe für die Kranken gelesen wird, sodass alle sie hören können, ohne dass sie einander begegnen müssen. Ein anderes Krankenhaus, das Hospital del Amor de Dios genannt wird, und in dem die Syphilis geheilt wird, ist eines der Hospitäler, in dem die Patienten am besten versorgt werden. Es gibt viele von ihnen, beiderlei Geschlechts. Man gibt ihnen dort Hemden, Bettzeug und Kissen von solcher Reinlichkeit, wie sie es nicht zu Hause hätten, auch wenn sie sehr begütert wären.

Es gibt drei Häuser für Geisteskranke. Eines von ihnen besteht aus drei Höfen, die an das dazugehörige Kloster grenzen. Auf mehreren Ebenen befinden sich um diese Höfe herum die Zellen der Kranken, mit ihren Türen aus feinstem Zedernholz und Luken in den Wänden, durch die man den Tobsüchtigen ohne Gefahr vor ihrem Zorn das Essen reichen kann. Es gibt dort auch eine Kirche, der ein Gitter als Tür dient, damit die Geisteskranken von außen die Messe hören können. In den Speisesaal mit seinen Bänken und Tischen passen mit großer Bequemlichkeit etwa 200 Kranke. Die Ordensbrüder servieren ihnen mit großer Demut und Bescheidenheit ihr Essen,

*Gemeint ist Nahuatl, die Verkehrssprache des Aztekenreichs

EINE KUTSCHE steht in einem Innenhof. Hunderte dieser Gefährte sind jeden Tag auf den Straßen von Mexiko-Stadt unterwegs. Beliebt sind sie nicht bei allen. Die Kutscher zählten zu den dreistesten und durchtriebensten Menschen, schimpft etwa ein Jurist

um 1780 | Kolonialzeit

DIE LEBENSADER von Mexiko-Stadt während der kolonialen Epoche ist ein Kanal, über den die landwirtschaftlichen Produkte aus dem südlichen Umland bis ins Herz der Metropole gelangen. Doch auch viele Ausflügler nutzen die Wasserstraße für eine Bootstour

und während sie speisen, trägt einer von ihnen mit sehr trauriger Stimme die christliche Lehre vor.

Doch die Kirche ist nicht nur barmherzig. Die Spanische Inquisition wacht darüber, dass die Gebote des katholischen Glaubens eingehalten werden. Den Scheiterhaufen für Ketzer gibt es in der zweiten Hälfte des 18. Jahrhunderts zwar nicht mehr, sehr wohl aber Züge von Beschuldigten, die bedrückt und angsterfüllt ihren Strafen entgegenziehen. Der italienische Mönch ILARIONE DA BERGAMO, der in den 1760er Jahren durch Neuspanien reist, hält zwei Jahre später fest, was er im März 1768 gesehen hat:

> Damals wurden in der Kirche des heiligen Dominikus acht lebende Reliquien ausgestellt, um von der Öffentlichkeit verspottet zu werden. Es handelte sich um einen Gotteslästerer, einen halsstarrigen Calvinisten, eine götzendienerische Einheimische, eine Hexe, einen Bigamisten, einen Geistlichen, der Messen zelebriert hatte, obwohl er nicht die nötigen höheren Weihen besaß, einen Laienbruder, der ebenfalls Messen abgehalten hatte, und einen Juden. Sie alle wurden in der Kirche den ganzen Tag den Blicken der Öffentlichkeit ausgesetzt. Der Grund für ihre Verdammnis wurde auf einem Schild an ihrer Brust bekannt gemacht.
>
> Den folgenden Tag wurden sie durch die Straßen der Stadt geführt, begleitet von Wachen und eskortiert von Soldaten sowie allen Angehörigen der Inquisition, allesamt zu Pferd. Der Pulk von Menschen war unbeschreiblich. Jeder der Schuldigen ritt auf

EINER DER ORTE, den die Bewohner von Mexiko-Stadt in Scharen aufsuchen, um sich zu vergnügen, ist der Alameda-Park. Dieser große Garten mit vielen Obstbäumen und Blumenbeeten erstreckt sich um einen prächtigen Brunnen, den steinerne Statuen von Gottheiten, Fabelwesen und Tieren zieren

einem jungen Esel und trug auf seinem oder ihrem Kopf einen großen Hut aus Papier in Form eines Horns, außer den beiden, die die Messen gefeiert hatten, die barhäuptig waren. Jeder trug ein Schild mit seinen Vergehen auf der Brust und wurde von einem Indio begleitet, der wie ein Henker gekleidet war und ihnen von Zeit zu Zeit leichte Schläge auf den Rücken versetzte. Danach wurden sie alle in die Kerker der Inquisition zurückgebracht. Ich weiß nicht, was danach mit ihnen geschah, denn ich verließ Mexiko einige Tage später.

Um den düsteren Seiten des Lebens zu entfliehen, zieht es viele in den großen Alameda-Park. Hier suchen die Armen ein wenig Zerstreuung, und die Reichen entsteigen ihren Kutschen, um ihre Garderobe und ihre Juwelen zur Schau zu tragen oder einen Plausch mit Bekannten zu halten. JUAN DE VIERA gibt einige Einblicke in die Vergnügungen, denen die Einwohner der Stadt in ihrer freien Zeit und am Abend nachgehen:

Um die Stadt herum gibt es viele Orte, an denen die Menschen zusammenkommen, um sich zu vergnügen. Die wichtigsten von ihnen sind der Paseo de la Alameda, ein großer Garten, auf dessen Wegen 1000 Kutschen fahren können und die doch immer noch genügend Platz für diejenigen lassen, die zu Fuß gehen. Es gibt dort viele Obstbäume und Blumenbeete und in seinem Zentrum einen prächtigen Brunnen von etwa 50 Meter Umfang, verziert von steinernen Statuen, die Gottheiten, Fabelwesen und Tiere darstellen.

Wo wir schon bei den Vergnügungen sind, erwähnen wir das „Haus der Hähne", wo diese morgens und abends kämpfen. Es ist wie eine Arena angelegt. Auf einer Seite hat man mit Holzgittern abgeschirmte Räume gebaut, von wo aus Personen von Rang den Platz überschauen können, ohne selbst gesehen zu werden, und auf der anderen Seite gibt es einige Stufen, die nach oben führen, von wo aus viele Menschen den Kampfplatz überblicken und ihre Wetten abschließen können.

Auf geradem Weg verläuft von der Stadtmitte ein Gewässer in Richtung des Chalco-Sees. Er erscheint wie ein zweites Venedig, denn es fließt in einer gemauerten Bahn. In diesem Wasserlauf steigen die Bürger von Mexiko zuweilen in Boote, um den Tag in einem Dorf namens Istacalco zu verbringen. Dann machen es sich, je nach Größe des über und über mit Blumen geschmückten Kanus, ein oder zwei Familien bequem, nehmen Instrumente mit und singen und tanzen, bis sie das Dorf erreichen.

In diesem Dorf veranstaltet man viele Tänze für alle Menschen jeden Standes, und es ist wunderbar, in mondbeschienenen Nächten die Kanus in Richtung Stadt zurückfahren zu sehen, die Menschen, die in ihnen sitzen, gekrönt von Kränzen aus den schönsten Blumen, wie sie in jedem Boot zum Takt der Instrumente singen, wobei sie die Boote nur von den Wassern leiten lassen, ohne dass auch nur ein Schlag der Ruder diese aufwühlt.

Besonders viele Einwohner von Mexiko-Stadt pilgern an Feiertagen zum Heiligtum der Jungfrau von Guadalupe, das auf einem Hügel vor der Metropole liegt. Im Dezember 1531 soll die Gottesmutter Maria einem bekehrten Indigenen erschienen sein und ihn gebeten haben, dem Bischof mitzuteilen, er solle an jener Stelle eine Kapelle errichten. Ende des 18. Jahrhunderts erhebt sich hier nunmehr eine prächtige Basilika, in der das Bild der Jungfrau aufbewahrt wird. JUAN DE VIERA beschreibt, was sie den Mexikanern bedeutet:

Ein Ausflug, den man entweder als Spaziergang oder als Pilgerfahrt bezeichnen kann, führt aus der Stadt hinaus und einen breiten ansteigenden Weg hinan. Diesem Weg folgt man bis zu dem Heiligtum unserer amerikanischen Schutzheiligen, Nuestra Señora de Guadalupe. Auch wenn diese kleine Ansiedlung sich außerhalb der Stadt befindet, wird sie von den Bürgern derselben und aller umliegenden Siedlungen so stark besucht, ist die Zahl der Menschen, die sich hier zu Fuß, zu Pferd und in Kutschen bewegen, so groß, dass der Verkehr wie auf einer Straße in der Stadt anmutet. Die Ansiedlung befindet sich an den Hängen eines Berges, den die Indios zu heidnischen Zeiten Tepeyac nannten, ein Ort des Aberglaubens, an dem diese unglücklichen Götzendiener die Mutter ihrer Götter anbeteten. Ihre Ausmaße beschränken sich auf einen Platz und zwei breite Straßen. Der gesamte Platz ist geschmückt mit sehr schönen Häusern, und in seiner Mitte gibt es einen wunderschönen Brunnen aus einem goldfarbenen Stein, in dessen Mitte das Bildnis unserer Heiligsten steht, perfekt mit dem Meißel geformt.

Dies ist die größte Erbauung der Mexikaner! Dies ist die Mine, in der größere Schätze und Reichtümer liegen als in ganz Amerika zusammen! Glücklich die Mexikaner, die mit wahrer Frömmigkeit und Ergebenheit in die Gegenwart dieser göttlichen Schönheit kommen, die die Hände geöffnet hat, um den Armen zu begünstigen und dem Bedürftigen zu helfen. Sie allein ist genug, um Amerika zum größten unter den Erdteilen zu machen und dich allein, mexikanische Stadt, zur größten des Weltkreises!

So feiert Viera ein Gefühl, das im ausgehenden 18. Jahrhundert immer mehr Bewohner des Landes ergreift: nicht mehr spanisch zu sein, sondern mexikanisch. Aus seinen Worten spricht der erwachende Patriotismus jener, die zunehmend hadern mit dem Herrschaftsanspruch des fernen Monarchen in Madrid. Bald schon werden sie sich erheben – und ein neues Kapitel in der Geschichte Mexikos einläuten. ◊

LITERATURTIPPS

SHARON BAILEY GLASCO
»Constructing Mexico City – Colonial Conflicts over Culture, Space, and Authority«
Untersucht das Alltagsleben in der Stadt (Palgrave Macmillan).

YORK LOHSE
»Mexiko-Stadt im 18. Jahrhundert«
Die mexikanische Metropole aus Sicht unterschiedlicher Zeitgenossen (Peter Lang).

Lesen Sie auch »Cartagena: Das Tor zur Neuen Welt« (aus GEOEPOCHE Nr. 71) über eine koloniale Hafenstadt auf *www.geo-epoche.de*

IN KÜRZE

Nach der Eroberung der aztekischen Kapitale Tenochtitlan im Jahr 1521 gründen die Konquistadoren an ihrer Stelle ein neues Machtzentrum: Mexiko-Stadt. Hier residiert fortan nicht nur der Vizekönig Neuspaniens, sondern hier schlägt auch das wirtschaftliche Herz der Kolonie. Am Vorabend der Unabhängigkeit, Ende des 18. Jahrhunderts, leben dort mehr als 100 000 Menschen.

1810
Miguel Hidalgo

MIGUEL HIDALGO, Geistlicher im Städtchen Dolores in Zentralmexiko, will den Bruch mit dem Mutterland Spanien. Er wird Teil einer Verschwörung – und zieht 1810 an der Spitze einer Streitmacht aus Europäischstämmigen und Indigenen auf die Hauptstadt der Kolonie

VATER DER NATION

Lange schon gärt Zorn gegen die spanische Kolonialregierung. 1810 gibt ein Priester das Signal zum offenen Aufstand. Es ist der Beginn eines opferreichen Unabhängigkeitskampfes, der Jahre dauern wird

TEXT: *Jens-Rainer Berg*

SIE SIND AUFGEFLOGEN, zwei Wochen vor dem Tag der Tage. Die Verschwörer hatten ihre Rebellion für Anfang Oktober geplant, doch nun sind ihnen die Häscher der Kolonialregierung auf der Spur, erste Mitwisser sind bereits verhaftet worden. Sollen sie fliehen, sich ergeben? Andererseits: Die Waffen liegen bereit, der Unmut im Land ist groß, das Regime brüchig. Und so entscheidet der Kopf der Aufständler, der Priester Miguel Hidalgo, sofort loszuschlagen. Am Morgen des 16. September 1810 läutet er die Glocke seiner Pfarrkirche in dem Städtchen Dolores im Herzen des heutigen Mexiko, hält eine leidenschaftliche Rede. Dann zieht er mit einigen Hundert Kriegern los. Er wird scheitern – und doch zum größten Helden des mexikanischen Unabhängigkeitskampfes werden.

Unter den Kreolen, den in Amerika geborenen Abkömmlingen von iberischen Siedlern, zu denen auch Hidalgo gehört, wächst schon länger ein neues Bewusstsein: nicht mehr spanisch zu sein, sondern mexikanisch. Die Gebildeteren von ihnen finden Inspiration dazu in den Schriften der europäischen Aufklärung, wo die Rede ist von Selbstbestimmung, Freiheit, den Menschen als gleichberechtigten Wesen.

Die Willkür der Mächtigen in Madrid tut ihren Teil: Deren Politik ist vor allem Bevormundung, hilft meist dem Mutterland, zieht über Steuern oder Handelsregeln Geld aus der Kolonie; dort, in Amerika, profitieren am stärksten die spanischen Verwaltungseliten, vielen Kreolen wird Einfluss, Aufstieg, ja Respekt verwehrt. Den indigenen Bewohnern ohnehin. Es wird Zeit, so das Gefühl vieler, die spanische Tyrannei abzuschütteln.

Das sieht auch Miguel Hidalgo so, seit 1803 Geistlicher in Dolores, ein intelligenter, ruheloser Mann, der zahlreiche einheimische Sprachen spricht und sich besonders um die nichtspanische Bevölkerung seiner Gemeinde bemüht. Sein Hass auf die iberische Fremdherrschaft nimmt beständig zu. Wohl Anfang 1810 schließt er sich einer Gruppe von Kreolen aus verschiedenen Städten an, die den Umsturz planen. Ihre Treffen tarnen sie als Zusammenkünfte eines Literaturzirkels. Sie legen Waffendepots an, rekrutieren Mitstreiter. Und müssen im September 1810, entdeckt, überstürzt losschlagen.

Von Beginn an setzt Hidalgo auf die spontane Unterstützung der Bauern, der Verarmten und Unterdrückten. Tatsächlich schwillt der Rebellenzug schnell an, kommandiert von abtrünnigen kreolischen Kolonialsoldaten, allerdings zu einem Großteil bewaffnet nur mit Äxten, Messern und Macheten. 20 000 Kämpfer fallen nach gut zehn Tagen in der Regionalmetropole Guanajuato ein, massakrieren die dortigen Spanier, plündern. Ende Oktober stehen die Aufständischen, inzwischen mit etwa 80 000 Mann, vor Mexiko-Stadt – und besiegen eine Kolonialarmee. Doch aus nie ganz geklärten Umständen – vermutlich sind die Truppen zu erschöpft, möglicherweise hat Hidalgo Skrupel, die Hauptstadt der Verheerung zu überlassen – ziehen sich die Rebellen wieder zurück. In Guadalajara, rund 500 Kilometer nordwestlich von Mexiko-Stadt, richten sie eine provisorische Regierung ein. Schließlich aber triumphieren die inzwischen verstärkten Kolonialtruppen in mehreren Schlachten. Hidalgo wird auf der Flucht gefasst und im Sommer 1811 hingerichtet.

Und doch ist sein Ende erst der Anfang. Zehn weitere Jahre zieht sich der Konflikt um die Unabhängigkeit danach. Guerillakämpfer, teils befehligt von früheren Mitstreitern Hidalgos, attackieren vielerorts den Staat, der erbarmungslos zurückschlägt. Hunderttausende sterben. Doch es zeigt sich: Das klassenkämpferische Auftreten der Rebellen, die Angst vor einer Umverteilung zugunsten der armen Indigenen, lässt viele Kreolen die Unterstützung wieder zurückziehen.

Bis ein Kompromiss formuliert wird. 1821 präsentiert ein hoher kreolischer Militär einen Plan, der alle Gegner der Kolonialregierung zufriedenstellen soll: Er fordert den Bruch mit Spanien und die rechtliche Gleichbehandlung aller ethnischen Gruppen, lässt aber die Privilegien der Kirche und die Besitzverhältnisse unangetastet. Mexiko soll fortan eine konstitutionelle Monarchie sein. Und tatsächlich versammelt sich nun eine große Mehrheit hinter dem Plan und zwingt die mittlerweile arg geschwächte Regierung fast ohne weitere Gefechte zum Einlenken. Am 24. September 1821 erklärt sich Mexiko offiziell für selbstständig.

Doch nicht dieser Tag wird später als Unabhängigkeitstag gefeiert – sondern der 16. September. Jener Tag, an dem der Priester Miguel Hidalgo 1810 den Kampf um die Abnabelung vom Mutterland begonnen hatte. Und an dessen Vorabend Mexikos Präsident bis heute jedes Jahr genau jene Kirchenglocke läutet, die am Morgen der Rebellion in Dolores erklungen war. ◊

DIE FESTUNG AUF dem Hügel Chapultepec, in der sich eine Militärschule befindet, ist für die US-Truppen das letzte Hindernis auf ihrem Weg nach Mexiko-Stadt. Im September 1847 erstürmen sie die Bastion

1847
Krieg gegen die USA

DER KAMPF DER JUNGEN HELD

EN

Nach der Unabhängigkeit von Spanien kann der mexikanische Staat sein riesiges Territorium kaum kontrollieren. Im Norden fordern eingewanderte US-Amerikaner Eigenständigkeit, derweil Washington selbst nach Expansion giert, 1846 den Waffengang mit dem Nachbarn provoziert und schnell vorstößt. Als es 1847 an dem vor Mexiko-Stadt gelegenen Hügel Chapultepec zur letzten großen Schlacht des Krieges kommt, stehen aufseiten der Verteidiger auch Soldaten, die fast noch Kinder sind – und deren Schicksal zur Legende wird

TEXT: *Reymer Klüver*

STRAMM STEHEN SIE, so gut es eben geht nach durchwachter Nacht. Ihre Gewehre neben sich, die Bajonette aufgepflanzt, die blauen Uniformen fest zugeknöpft, darüber Patronentaschen gegurtet. Vielleicht 40 Soldaten mögen es sein, manche fast Kinder noch: Der Jüngste unter ihnen ist keine 14 Jahre alt, die Ältesten haben gerade erst den 18. Geburtstag hinter sich.

Ihr Hauptmann Domingo Alvarado, mit 22 Jahren kaum dem Jugendalter entwachsen, hat sie antreten lassen. Von draußen hören sie Schüsse von Musketen und Kanonen, Todesschreie. Sie wissen, dass nur wenige Meter entfernt, jenseits der Mauern der Militärschule, ihre Kameraden um ihr Leben kämpfen.

Alvarado ruft ihnen zu: Auch sie, die Jüngsten, die Kadetten des Colegio Militar, müssten sich dem Feind entgegenstellen. Es sei ihre Pflicht, die US-amerikanischen Invasoren aufzuhalten, die in den vergangenen Monaten von der Golfküste bis ins zentralmexikanische Hochland marschiert sind – und nun, im September 1847, die Kapitale bedrohen, Mexiko-Stadt, das Herz des Landes.

Nur das Colegio Militar, ein von hohen Mauern umgebenes Schloss auf dem Hügel Chapultepec, der einige Kilometer südwestlich von Mexiko-Stadt rund 60 Meter emporragt, versperrt den Angreifern noch den Weg in die Metropole. Denn sie müssen die Bastion einnehmen, wollen sie vermeiden, dass ihnen die Mexikaner beim weiteren Vormarsch in den Rücken fallen. Fast schon haben sie es geschafft.

24 Stunden haben sie das Schloss nahezu ununterbrochen mit Kanonen beschossen. Sind dann im ersten Morgenlicht den Hügel hinaufgestürmt. Haben mit Leitern die Mauern erklommen, sind in den Hof des Schlosses eingedrungen und kämpfen sich nun Mann gegen Mann vor. Überall in der Festung liegen Trümmer herum, verkohlte Balken, verstümmelte Leichen. Verwundete brüllen, wimmern, stöhnen. Fast die Hälfte der 900 Mann Besatzung ist in der Nacht geflohen. Die Kadetten des Colegio Militar aber sind geblieben. Wie durch ein Wunder haben ihre Unterkünfte keinen direkten Treffer abbekommen.

FRANCISCO MÁRQUEZ, noch keine 14 Jahre alt, gehört zu den später »Niños Héroes« genannten jungen Verteidigern des Chapultepec

INVASION AUS DEM NORDEN 1846–1848

ES IST EIN UNGLEICHER Kampf, der 1846 zwischen Mexiko und den Vereinigten Staaten von Amerika entbrennt: Die US-Truppen sind besser ausgerüstet und geschult als die des südlichen Nachbarn. Auf mehreren Routen rücken die Eindringlinge voran – und nehmen Mexiko in einem Diktatfrieden mehr als die Hälfte seiner Fläche

Verschreckt blicken die Nachwuchssoldaten auf Domingo Alvarado. Sie, ruft ihr Hauptmann, müssten nun helfen, das nationale Ansehen, die Ehre des Vaterlands zu retten – und wenn sie dafür ihr Leben opfern müssten.

Da stürzt der Adjutant des Festungskommandanten herein. „Die Schüler sollen sofort abziehen", brüllt er in den Saal. Auf die andere Seite des Schlosses sollen sie laufen und sich aus Fenstern auf den schroffen östlichen Hang hinablassen. Dort sei der Feind noch nicht zu sehen, bestehe der letzte Ausweg Richtung Stadt.

Widerstrebend fügt sich Hauptmann Alvarado dem Befehl seines schon wieder hinausstürmenden Vorgesetzten, beordert die Jungen auf die Ostseite des Schlosses. Besonders den kleinen Francisco Márquez hat er im Auge. Erst Anfang des Jahres ist er in das Colegio gekommen, damals hat er gesagt, dass er „auf die 14" zugehe, aber das war sicherlich übertrieben.

Deutlich kräftiger als der schmächtige Márquez ist der 18-jährige Fernando Montes de Oca. In seiner Bewerbung für die Akademie hatte er geschrieben, er wolle sich „im gegenwärtigen Krieg mit den Vereinigten Staaten von Nordamerika nützlich machen". Aber auch er läuft, wie es die meisten Kadetten tun,

NUR WEIL die gewaltigen Gebiete im Norden Mexikos zu dünn besiedelt sind, um sie vernünftig zu verwalten, erlaubt die Regierung US-Amerikanern, sich dort niederzulassen – obwohl sie den Neuankömmlingen eigentlich misstraut (im Bild: Santa Fe im damals mexikanischen New Mexico)

mit dem Gewehr in der Hand in die Richtung los, die ihnen ihr Hauptmann gewiesen hat. Doch vielleicht ein Dutzend, aufgeputscht von Alvarados Durchhalte-Rede, weigert sich. Sie bestürmen den jungen Hauptmann, bleiben und kämpfen zu dürfen.

Einer von ihnen ist Vicente Suárez, gerade erst 14 Jahre alt und gewiss nicht der Stärkste, aber ein Bursche mit aufgewecktem Blick und offenkundig ein Feuerkopf. Er scheint zu allem entschlossen zu sein. Der 18-Jährige Agustín Melgar will ebenfalls bleiben. Er war im Mai aus der Akademie getürmt, weil er sich in ein Mädchen in der Stadt verliebt hatte. Erst vier Tage zuvor ist er reumütig ins Colegio zurückgekehrt.

Hauptmann Alvarado, vielleicht überfordert inmitten des Trubels, gibt dem Drängen der Militärschüler nach, eine Sekundenentscheidung. Die Kadetten packen ihre Gewehre. Einige von ihnen laufen in ihre Schlafsäle hinauf, nehmen den Schlosskorridor ins Visier, wo der Feind hereinkommen muss, will er die Flagge ihres Vaterlandes erobern, die mexikanische Trikolore, grün-weiß-rot, die oben über den Zinnen des Turms im Morgenwind flattert. Sie sind bereit für ihr erstes Gefecht. Bereit, ihr Leben zu geben in einem blutigen Konflikt, der begann, lange bevor sie geboren wurden.

Der Ursprung des Kampfes zwischen Mexiko und den Nachbarn im Norden nämlich liegt im frühen 19. Jahrhundert – in einer Zeit, als das Land seine Unabhängigkeit noch gar nicht erstritten hat. 1803 erwirbt Washington im „Louisiana Purchase" riesige Gebiete westlich des Mississippi, die bis dahin in französischem Besitz waren, wodurch sich das Territorium der Vereinigten Staaten auf einen Schlag fast verdoppelt.

Bald darauf aber ziehen englischsprachige Glücksritter zu Hunderten noch über die Grenze des neu erworbenen Landesteils hinaus, um in Texas zu siedeln, zu dieser Zeit Teil des spanischen Weltreichs. Manche Neuankömmlinge wollen hier mithilfe von Sklaven Baumwolle anbauen, die in Ost-Texas wie im Süden der USA gedeiht. In anderen, kargeren Gegenden beginnen sie, Pferde und Rinder zu züchten. Junge Familien sind es meist, die nun kleine Farmen errichten – illegal, ohne Genehmigung spanischer Behörden, obwohl Texas ja zu Madrids kolonialem Imperium gehört, zum Vizekönigreich Neuspanien, wie auch das heutige New Mexico, Arizona, Nevada, Kalifornien und Utah sowie Teile Colorados und Wyomings.

Das riesige Gebiet, dessen Grenzen die Spanier nicht kontrollieren können, ist kaum bevölkert. Indigene Nomaden ziehen durch die Weiten, und lediglich einige wenige Tausend europäischstämmige Siedler leben dort. Die Spanier betrachten die Neuankömmlinge aus dem Norden mit Argwohn. Sie zweifeln an der Loyalität der Anglo-amerikaner zum Vizekönigreich Neuspanien. Daran ändert auch ein Vertrag nichts, den Washington und Madrid 1819 schließen und in

JUAN DE LA BARRERA hat die Militärschule gerade erfolgreich absolviert, als er mit 19 Jahren im Kampf gegen die Invasoren fällt

dem die Vereinigten Staaten keinerlei Anspruch auf Texas erheben. Als Grenzfluss zwischen dem Kolonialreich und den USA legt das Dokument den Sabine River fest, das entspricht der Grenze zwischen den heutigen US-Bundesstaaten Texas und Louisiana.

Als die Mexikaner zwei Jahre später ihre Unabhängigkeit erkämpfen (siehe Seite 58) und für ihre neue Nation das gesamte Territorium des Vizekönigreichs Neuspanien beanspruchen, von Costa Rica im Süden bis nach Kalifornien im Norden, versäumt die mexikanische Regierung, den Vertrag noch einmal explizit zu bestätigen. Und die Grenzfrage wird bald wieder zum Thema: 1827 bietet der US-Botschafter dem neuen Nachbarland 1,5 Millionen Dollar für das Gebiet zwischen Rio Grande und dem Colorado River – also grob gesagt die heutigen US-Bundesstaaten Texas, New Mexico und Arizona.

Die Mexikaner lehnen empört ab. Aber sie erkennen, dass sie die Region nur halten können, wenn sie dichter besiedelt wird, allein schon, weil nur so eine Eindämmung der illegalen Einwanderung möglich ist. Deshalb erlauben sie nun widerstrebend Neuankömmlingen aus den USA (aus Europa oder Mexiko selbst gibt es kaum Zuzug), sich niederzulassen, in der Hoffnung, sie auf Dauer doch integrieren zu können. Bald wohnen mehr US-Amerikaner als Mexikaner in Texas: 1830 sind es bereits 20 000 gegenüber lediglich 3000 Spanischstämmigen. Die meisten von ihnen leben im fruchtbaren Osten der Region.

MEXIKO DROHT DERWEIL schon wenige Jahre nach der Unabhängigkeit von inneren Konflikten zerrissen zu werden. Befürworter des Föderalismus streiten mit Zentralisten, liberale Reformer stehen Konservativen gegenüber, denen es vor allem darum geht, die Macht der reichen, spanischstämmigen Oberschicht zu erhalten. Denn die besitzt noch immer den Großteil des Landes. Die indigene Bevölkerung dagegen ist zumeist extrem arm, dazwischen stehen sogenannte *castas*, Menschen mit europäischen und indigen Vorfahren, die kaum Chancen zum gesellschaftlichen Aufstieg haben. So trennen krasse Ungleichheiten die Bevölkerung.

Anfang der 1830er Jahre eskalieren die Spannungen in bürgerkriegsähnlichen Zuständen. Generäle, die widerstreitenden Lagern angehören, mobilisieren Heere in der indigenen Bevölkerung. Nach einigen blutigen Schlachten geht schließlich Antonio López de Santa Anna als Sieger aus den Kämpfen hervor. Der General, bekannt für seine politische Wendigkeit, vor allem aber für seine Grausamkeit als Truppenführer, wird nun Präsident und setzt nach anfänglichem Liebäugeln mit liberalen Ideen schließlich die Forderungen der konservativen Zentralisten durch.

Doch die Regierung ist ständig in Geldnöten, kann ihre Agenda kaum durchsetzen, erst recht nicht in entfernten Regionen wie Texas. Beamte, die dorthin entsandt wurden, können Zölle für Importe aus den USA nicht eintreiben, viele Soldaten desertieren.

ALS 1835 die im damals mexikanischen Texas lebenden US-Amerikaner eine Miliz bilden und zwei Forts einnehmen, mobilisiert Mexikos Regierung in der Hauptstadt notdürftig ausgerüstete Truppen

Trotz dieser anarchischen Zustände beschließen die Zentralisten in Mexiko-Stadt eine Verfassungsreform, um den Bundesstaaten – also auch Texas – ihre weitgehende politische Eigenständigkeit zu nehmen. Sie drohen sogar, die Armee in den Norden zu schicken.

Nun haben die in der Region lebenden US-Amerikaner genug. Sie bauen eine eigene Miliz auf, erobern Ende 1835 die beiden einzigen Forts, die die mexikanische Armee in Texas noch gehalten hat.

Präsident Santa Anna will diese offene Rebellion nicht hinnehmen. Er bricht an der Spitze seiner Armee Richtung Norden auf, um in Texas ein blutiges Exempel zu statuieren. Doch es ist ein zerlumptes Bauernheer, das er anführt. Kaum einer seiner Soldaten trägt Uniform, die

FERNANDO MONTES DE OCA
versucht vergebens, vor den Angreifern zu fliehen

MEXIKO SCHICKT EIN
BAUERNHEER
OHNE SCHUHE

ANFANG 1836 belagert General Santa Anna das von den texanischen Milizen gehaltene Fort Alamo. Nach dessen Erstürmung (im Bild) lässt er alle Gefangenen erschießen. Und sorgt mit der Bluttat dafür, dass die Rebellen verstärkt Zulauf bekommen

GENERAL Antonio López de Santa Anna hat sich gerade die mexikanische Präsidentschaft erkämpft, als die Texaner aufbegehren. Gefürchtet für seine Grausamkeit, zieht er nun nach Norden, um mit seinen schlecht ausgerüsteten, aber zahlreichen Soldaten ein Exempel zu statuieren

meisten laufen barfuß. Die Männer sind zum Dienst gezwungen, müssen sich auf dem Marsch durch karge Gebirgsregionen von wilden Beeren ernähren, weil das Land sonst nichts hergibt.

Im Februar 1836 belagert Santa Anna im texanischen San Antonio mit 2500 Mann das von den Aufständischen gehaltene Fort Alamo und lässt die einstige spanische Missionsstation systematisch beschießen. Am 6. März schließlich befiehlt er den Sturmangriff auf die mit vielleicht noch 250 Mann besetzte Garnison. Eine Stunde später sind alle Verteidiger tot: gefallen oder als Gefangene, nachdem sie sich ergeben hatten, kaltblütig erschossen. Auch die mehr als 300 Mann Besatzung des zweiten besetzten Forts, das daraufhin kapituliert, lässt Santa Anna hinrichten.

Nach den leichten Erfolgen siegesgewiss, teilt er seine Truppen auf und rückt mit einer kleinen Abteilung Richtung Osten vor, um endgültig den militärischen Widerstand der Texaner zu brechen, die inzwischen in einer Delegiertenversammlung ihre Unabhängigkeit erklärt haben. In der Nähe der heutigen Millionenmetropole Houston aber überraschen die texanischen Milizionäre das mexikanische Kontingent und schlagen es vernichtend. Wenig später können sie auch den zunächst geflohenen Santa Anna gefangen nehmen.

Der Präsident fürchtet nach seinen Gräueltaten um sein Leben, befiehlt aus der Haft den Rückzug seiner restlichen Truppen und erkennt nun – zweifellos unter Zwang – in einem offiziellen Vertrag Texas als unabhängigen Staat an, mit dem Rio Grande als Grenzfluss zu Mexiko. Das Land zwischen Sabine River und Rio Grande ist nun eine eigenständige Republik.

Die Texaner erwägen, den blutrünstigen General nach der Unterzeichnung des Dokuments hinzurichten. Doch auf Druck des damaligen US-amerikanischen Präsidenten Andrew Jackson, der eine andauernde Konfrontation mit Mexiko befürchtet, bringen sie ihn nach Washington. Jackson empfängt ihn im Weißen Haus und lässt den Mexikaner per Schiff zurück in dessen Heimat bringen.

Dort aber wartet niemand mehr auf Santa Anna. In der Zwischenzeit ist ein Nachfolger als Präsident gewählt, der als Erstes die von seinem Vorgänger unterzeichneten Verträge widerruft. Damit ist – aus mexikanischer Sicht – alles wieder offen. Kein führender Politiker des Landes kann künftig Texas' Unabhängigkeit akzeptieren, sie wird als Schandfleck auf der nationalen Ehre empfunden. Doch der Streit zwischen Föderalisten und Zentralisten geht weiter, der Regierung fehlt es chronisch an Geld. Und so gibt es keinen Versuch, sei es diplomatisch, sei es militärisch, die abtrünnige Provinz zurückzuholen.

In den USA wird unterdessen die „Republik Texas" immer mehr zum Streitthema. Washington erkennt sie 1837 zwar als unabhängig an. Aber wohnen nicht hauptsächlich US-Amerikaner dort? Und verlangen viele von ihnen nicht die Aufnahme als Bundesstaat der Vereinigten Staaten? Das passt zum Zeitgeist in den USA. Der sieht die Expansion des Landes über den Kontinent mit einem später entstandenen Begriff als „Manifest Destiny", also als „offensichtliche Vorbestimmung". Unterfüttert ist das Ganze mit religiös aufgeladenem Rassismus: Die – wie es damals heißt – „angelsächsische Rasse", protestantisch, weißer Hautfarbe, englischsprachig, ist demnach den südländischen, katholischen, Spanisch sprechenden Mexikanern überlegen.

Zwar hat diese Ideologie in den USA auch viele Gegner. Sie sitzen vor allem im Norden, sind meist Abolitionisten, verurteilen also die Sklaverei – und fürchten ein Übergewicht der sklavenhaltenden Südstaaten, sollte Texas, wo die Siedler Tausende afrikanischstämmige Unfreie für sich schuften lassen, in die USA aufgenommen werden. Doch bei der Präsidentenwahl 1844 siegt mit knappem Vorsprung der Demokrat James Polk, ein Anhänger der Annexion von Texas.

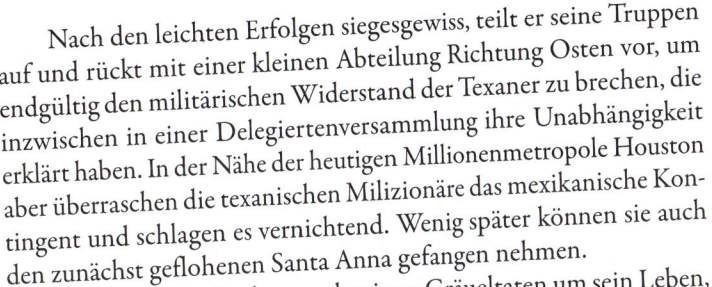

VICENTE SUÁREZ will die Angreifer aufhalten, um seinen Kameraden die Flucht zu ermöglichen, und stirbt

DIE USA SEHEN
EXPANSION
ALS IHRE BESTIMMUNG

Im Kongress findet sich daraufhin Anfang März 1845 ebenfalls eine schmale Mehrheit dafür. Sie wird am 29. Dezember 1845 vollzogen und Texas der 28. Bundesstaat der USA.

Polk schickt gleichzeitig einen Gesandten nach Mexiko-Stadt mit einem Angebot, das das ganze Ausmaß der US-Expansionspläne offenbart: Der Emissär bietet fünf Millionen US-Dollar als Entschädigung für Texas und für den zusätzlichen Erwerb des weiter westlich gelegenen Territoriums New Mexico sowie weitere 25 Millionen für Kalifornien – die USA würden so vom Atlantik bis zum Pazifik reichen, wie es der Idee des Manifest Destiny entspricht. Der Diplomat gibt der Regierung in Mexiko-Stadt Anfang März 1846 zwei Wochen Zeit, sich zu entscheiden – es ist ein kaum verhohlenes Ultimatum.

Denn der US-Präsident hat längst eine Armee in Marsch gesetzt. Fast 4000 Mann lässt er im Frühjahr 1846 bis ans Nordufer des Rio Grande vorrücken, also auf Gebiet, das Mexiko für sich beansprucht. Die US Navy patrouilliert entlang der Golfküste und blockiert den kleinen mexikanischen Seehafen Matamoros. So kann der mexikanische Armeeposten am Südufer des Rio Grande nicht mehr per Schiff versorgt werden. Eine offene Provokation. Ende April reagieren die ausgehungerten Mexikaner und greifen die Eindringlinge auf deren Seite des Flusses an. Ihre – erfolglose – Attacke bietet Polk den langersehnten Vorwand: Am 13. Mai 1846 erklären die USA ihrem südlichen Nachbarn offiziell den Krieg. Es wird ein ungleicher Kampf.

RASCH RÜCKT DIE US-ARMEE vom Rio Grande bis nach Monterrey vor, tief in mexikanisches Staatsgebiet (und greift in kleinerem Maßstab an verschiedenen weiteren Stellen an). Santa Anna, nun wieder Oberbefehlshaber (und bald auch Präsident des Landes), setzt 20 000 Mann gegen die Invasoren in Marsch. Doch die Truppe ist ähnlich desolat wie das Heer, das er einst gegen Texas aufgeboten hatte. Die meisten Kämpfer sind einfache Bauernburschen, dazu zwangsrekrutierte Sträflinge und Landstreicher. Sie haben keine Uniformen und keine Ausbildung. Ihre Waffen stammen vielfach noch aus der Zeit der Napoleonischen Kriege, versagen oft nach wenigen Schüssen. Vielen Offizieren fehlt es schlicht an militärischer Sachkenntnis. Und so können die besser ausgestatteten US-Soldaten, obwohl zahlenmäßig unterlegen, gegen Santa Annas Truppe Ende Februar 1847 bei einer Schlacht rund 80 Kilometer südwestlich von Monterrey bestehen.

Zu diesem Zeitpunkt hat sich US-Präsident Polk bereits entschieden, ein weiteres Invasionsheer zu entsenden, um eine zweite Front zu eröffnen. Die Vereinigten Staaten können sich das erlauben: Ihre Wirtschaftsleistung ist mehr als zehnmal so hoch wie Mexikos.

Am 5. März 1847 landen 12 000 Soldaten unter Kommando von General Winfield Scott bei Veracruz an der Küste des Golfs von Mexiko. Scott führt sie Richtung Hochland – auf derselben Route, wie sie 328 Jahre zuvor der Konquistador Hernán Cortés genommen hatte.

Mitte April will Präsident Santa Anna die Invasoren auf ihrem Weg nach Mexiko-Stadt noch aufhalten. Doch die US-Amerikaner zerschlagen seine eilig zusammengestellte und erneut schlecht ausgerüstete Armee von 12 000 Mann binnen weniger Stunden. Ihnen geht in der einheimischen Bevölkerung nun die Parole voraus: „Die Yankees sind unbesiegbar."

Vier Monate später, am 20. August 1847, stehen die US-Truppen vor Mexiko-Stadt. Doch weil Santa Annas letztes Aufgebot erbitterten Widerstand leistet, willigt Scott in eine Feuerpause ein, wartet auf Nachschub und frische Männer.

Am 8. September dann beginnt er mit verstärkten Reihen die finale Offensive. Vier Tage später richtet er seine schweren Geschütze auf die kleine Schlossfestung auf dem Chapultepec vor den Toren Mexiko-Stadts. Die Mexikaner können sich nicht recht wehren: Ihre veralteten Geschütze erreichen die in sicherer Entfernung eingegrabenen US-amerikanischen Artilleriestellungen kaum.

Am Morgen des 13. September befiehlt der US-General den Sturmangriff, und bald darauf tobt im Hof des Schlosses der Kampf Mann gegen Mann. Die US-Amerikaner stehen kurz davor, die Türen zum Schlossgebäude selbst aufzusprengen,

NACHDEM MEXIKO alle Kaufangebote für die nördlichen Gebiete abgelehnt hat, setzt Washington seine Expansionspläne ab 1846 mit Gewalt um. Am Golf von Mexiko beschießen US-Truppen im Jahr darauf die Hafenstadt Veracruz

als Hauptmann Alvarado die jungen Kadetten durch die langen Flure in den östlichen Teil des Gebäudes schickt.

Einer der Ersten, der dort aus einem Fenster auf den schroffen, felsigen Hang zu entkommen versucht, ist der kleine, vielleicht 14-jährige Francisco Márquez. Doch anders als gedacht ist der Feind bereits zum Osthang vorgedrungen. Márquez trifft die Kugel eines Scharfschützen, kaum hat er den Boden erreicht.

Auch der 18-jährige Fernando Montes de Oca, der sich freiwillig gemeldet hatte, um im Krieg gegen die US-Amerikaner zu dienen, kommt nicht weit auf dem steilen Hang. Den stolpernden Jungen strecken ebenfalls Scharfschützen nieder. Seine Mutter hatte ihm noch kurz zuvor neue Schuhe und Unterwäsche geschickt.

Unterdessen dringen die ersten Angreifer in das Schlossgebäude ein. In dem Moment stürzt sich der 14 Jahre alte Vicente Suárez, einer der Kadetten, die zurückgeblieben sind, auf den vordersten Mann und rammt ihm mit aller Kraft das Bajonett seines Gewehrs in den Leib. Sofort wird der Junge von den nachfolgenden US-Soldaten umzingelt und niederge-

JUAN ESCUTIA stürzt sich der Legende nach mit der mexikanischen Flagge vom Festungsturm, um sie vor den US-Amerikanern zu retten

DAS ERBE DES KRIEGES WIRKT BIS HEUTE NACH

macht. Berichte überlebender Kameraden legen nahe, dass Vicente den US-Stoßtrupp aufhalten wollte, offenbar um die Flucht der anderen Mitschüler zu ermöglichen.

Die übrigen Kadetten, die mit Vicente zurückgeblieben sind, schießen aus ihren Schlafsälen auf die die Treppe heraufstürmenden Gegner. Bis zuletzt wehrt sich Agustín Melgar, der 18-Jährige, der nach seinem Liebesabenteuer erst kurz zuvor ins Colegio Militar zurückgekehrt war. Noch seine letzte Kugel feuert er auf die US-Soldaten ab, so wird später berichtet, ehe auch ihn ein Treffer niederstreckt. Der Widerstand der Jüngsten ist gebrochen.

Um 9.30 Uhr holen die US-Amerikaner Mexikos grün-weiß-rote Trikolore vom Fahnenmast. Der Sternenbanner weht über dem Chapultepec. Die Schlacht ist entschieden.

Die US-Truppen marschieren sofort weiter und ziehen, nach heftigen Kämpfen am Rande der Kapitale, am folgenden Tag in Mexiko-Stadt ein. Nun weht ihre Flagge über dem Nationalpalast von Mexiko. Bereits am Abend des 13. September hat Santa Anna als Präsident abgedankt. (Später geht er zwischenzeitlich ins Exil nach Jamaika und Kolumbien, wird es nach seiner Rückkehr 1853 aber tatsächlich noch einmal für zwei Jahre an die Spitze des mexikanischen Staates schaffen.)

Die Regierungsgewalt fällt nach Santa Annas Rücktritt an den Obersten Richter des Landes, der sich in die gut 200 Kilometer entfernte Provinzstadt Querétaro absetzt. Dort beginnen bald langwierige Verhandlungen mit einem US-Sondergesandten. Am 2. Februar 1848 unterzeichnen er und mexikanische Regierungsvertreter den

AM 14. SEPTEMBER 1847, dem Tag nach ihrem Sieg in der Schlacht von Chapultepec, ziehen die US-Amerikaner in Mexiko-Stadt ein. Präsident Santa Anna dankt ab, bald beginnen von den USA bestimmte Friedensverhandlungen

IN KÜRZE

Nach jahrelangem Streit um das ursprünglich zu Mexiko gehörende Texas eskalieren die auf Expansion ausgerichteten USA den Konflikt 1846 zum Krieg. Der Waffengang mit dem militärisch überlegenen Nachbarn endet für Mexiko mit einer vollständigen Niederlage: Das Land verliert mehr als die Hälfte seines Territoriums an die Vereinigten Staaten, die mit der Expansion bis zum Pazifik den Grundstein legen für ihren Aufstieg zur Weltmacht. Der Konflikt ist der Ursprung des bis heute belasteten Verhältnisses der beiden Staaten.

LITERATURTIPPS

TIMOTHY J. HENDERSON
»A Glorious Defeat – Mexico and Its War with the United States«
Kompakt und gut lesbar (Hill and Wang).

MICHAEL SCOTT VAN WAGENEN
»Remembering the Forgotten War«
Faszinierende Untersuchung der Erinnerung an den Konflikt (University of Massachusetts Press).

GEO+ EPOCHE DOSSIER

Lesen Sie auch »Bull Run: Die erste Schlacht« (aus GEOEPOCHE Nr. 60) über den Beginn des Amerikanischen Bürgerkriegs auf www.geo-epoche.de

---

Vertrag von Guadalupe Hidalgo. Es ist ein Diktatfrieden. Mexiko muss den Verlust von Texas und den Rio Grande als Grenzfluss akzeptieren. Des Weiteren tritt es jegliches Territorium nördlich des 32. Breitengrads an die USA ab. Insgesamt sind dies nicht weniger als 55 Prozent seiner Landfläche. Als Entschädigung zahlen die Vereinigten Staaten Mexiko einen Spottpreis von 15 Millionen US-Dollar. Beide Parlamente ratifizieren den Vertrag wenige Wochen später. Ende Juli 1848 verlassen die letzten US-Soldaten das Land.

Den Invasionstruppen sind mindestens 25 000 Mexikaner zum Opfer gefallen, manche Schätzungen gehen sogar von der doppelten Anzahl an Toten aus. Die US-Amerikaner haben in ihrer Kriegsbilanz 13 780 Tote verzeichnet, davon knapp 1800 bei Kämpfen Gefallene; die anderen sind Krankheiten erlegen.

Die politischen Folgen des ungleichen Kampfes indes treffen Sieger wie Besiegte ähnlich hart. In Mexiko bricht 1858 ein Bürgerkrieg aus. Der Streit darum, wer die Schuld an der katastrophalen Niederlage trägt, hat den ewigen Konflikt zwischen Liberalen und Konservativen weiter zugespitzt. Zudem hat der kostspielige Krieg mit den USA die enorme materielle und soziale Ungleichheit im Land noch verschärft.

Dort wiederum beginnt drei Jahre später, 1861, der Sezessionskrieg: Die Frage, ob in den gewaltigen, von Mexiko geraubten Territorien die Sklavenhaltung erlaubt sein soll, hat den schon lange schwelenden Konflikt zwischen Sklavenhalter- und Nichtsklavenhalterstaaten wieder angeheizt, und die Südstaaten sagen sich vom Norden los.

Das Erbe des Mexikanisch-Amerikanischen Krieges aber reicht noch viel weiter: Der blutige Konflikt begründet das tief sitzende Misstrauen des lateinamerikanischen Teils des Kontinents gegenüber den Vereinigten Staaten. Ein Misstrauen, das bis heute anhält – auch weil Washington nach 1848 immer wieder seine militärische und politische Übermacht gegenüber seinen südlichen Nachbarn ausspielt.

Und obwohl der Sieg gegen Mexiko eine wichtige Grundlage schafft für Washingtons dauerhafte Dominanz, die Vereinigten Staaten bis an den Pazifik ausdehnt und so den Aufstieg des Landes zur Groß- und Weltmacht ermöglicht, ist er in den USA weitgehend vergessen. Wohl auch, weil die Erinnerung an den aggressiven Angriffskrieg dem Selbstbild vieler US-Amerikaner widerspricht, einer Nation anzugehören, die rechtschaffen ist und das Völkerrecht ehrt.

Umso stärker dagegen erinnern die Menschen in Mexiko das ungleiche Ringen, feiern bis heute besonders jene paar Dutzend Jugendlichen, die in aussichtsloser Lage Widerstand leisteten gegen die nördlichen Invasoren. Der Kampf der Kadetten vom Chapultepec ist, oft ausgeschmückt mit zahlreichen Legenden, Teil geworden der mexikanischen Nationalgeschichte.

Und so kennt sie in Mexiko fast jeder: die Geschichte der Niños Héroes – der Heldenkinder. ◊

AGUSTÍN MELGAR kommt nach einem Liebesabenteuer kurz vor der Schlacht in die Militärschule zurück – und geht als eines der Niños Héroes in die Geschichte ein

1864
Maximilian I.

ERZHERZOG Ferdinand Maximilian aus dem österreichischen Hause Habsburg erlangt 1864 das Amt als Herrscher im fernen Mexiko – hier in vollem Ornat. Er sieht sich als Heilsbringer, als Gestalter. Eigentlich aber ist er: eine Marionette

ÄUMER UND TOR

Als die USA, die Vormacht in Nordamerika, durch einen Bürgerkrieg geschwächt sind, wagen die Europäer in den 1860er Jahren eine erneute Einmischung in Mexiko. Ausgerechnet ein Österreicher soll dort Kaiser werden. Mit glühendem Enthusiasmus tritt er an. Doch der Monarch verkennt die Realität kolossal – und geht schon bald daran zugrunde

TEXT: *Tanja Beuthien*

FÜR SEINE Herrschaft entwirft Maximilian eigens ein Wappen mit dem mexikanischen Adler auf einem Kaktus, gehalten von Greifen in den Farben der Habsburger

WEIL DER französische Kaiser Napoleon III. seinen Einfluss ausweiten will, nutzt er einen Vorwand, eine ausgesetzte Kreditrückzahlung Mexikos, um Truppen in das amerikanische Land zu schicken

F

Fast gespenstisch liegt der Hafen von Veracruz in der tropischen Hitze, als der Dampfsegler „Novara" am frühen Nachmittag des 28. Mai 1864 auf das Festland zusteuert. Nach 44 Tagen auf See wartet keine jubelnde Menschenmenge auf das neue Kaiserpaar von Mexiko. Nicht einmal das Begrüßungskomitee ist vollständig an der Anlegestelle versammelt. Das Gelbfieber grassiert in der Stadt am Golf von Mexiko, wer kann, meidet den Ort und vor allem den Hafen, wo die Gefahr sich anzustecken besonders hoch ist.

An Deck der „Novara" steht ein 31-jähriger großer, blonder und blauäugiger Mann: Maximilian I. Kein Mexikaner, kein Spanier, sondern ausgerechnet ein Sohn aus dem österreichischen Herrscherhaus der Habsburger. Er blickt auf die Küste und sieht zum ersten Mal das Land, das er von nun an regieren soll. In der Ferne erhebt sich der fast 6000 Meter hohe Citlaltepetl, sein Gipfel in Wolken gehüllt, davor kreisen Geier über der Silhouette der Hafenstadt. Von der nahe gelegenen Festung lösen sich 101 Salutschüsse aus den Kanonen. Immerhin. Ein erstes Willkommen.

Maximilian ist bestens vorbereitet auf den Moment der Ankunft, auf seine neuen Aufgaben als Kaiser von Mexiko. Eifrig hat er die Überfahrt für die Ausarbeitung eines peniblen Hofzeremoniells genutzt, das der jahrhundertealten Tradition der Habsburger

DER **FRANZOSE** BRAUCHT EINEN HANDLANGER

folgt. Jede Bewegung der Bediensteten, jede Sitzordnung der Untergebenen hat er notiert. Selbst die Größe seiner zukünftigen Palastwachen – mindestens sechs Fuß, gut 1,80 Meter! – ist verzeichnet. Ein strenges Reglement hat ihm schon immer Sicherheit verliehen. Bei sich trägt er womöglich eine abgegriffene Karte, auf der er schon in seiner Jugend eine Reihe von Lebensregeln aufgeschrieben hat. „Freundlich mit allen", lautet etwa eine der 27 Vorgaben.

So bleibt er wohl auch gelassen, als nach dem Anlegen statt der erwarteten Delegation ein Admiral die „Novara" betritt. Und den Kapitän des Schiffes anherrscht, wie er ausgerechnet in diesem gefährlichen Bereich des Hafens ankern könne, in dem sich besonders viele Menschen mit dem Gelbfieber angesteckt hätten. Dabei hat Maximilian selbst den Liegeplatz gewählt, ganz bewusst: Er befindet sich ein gutes Stück entfernt von den französischen Schiffen, die ebenfalls ihre Anker im Hafen von Veracruz geworfen haben. Das soll vermutlich eine Botschaft senden: Frei und unabhängig will der Habsburger wirken, gleich zu Beginn seiner Herrschaft signalisieren, dass er nicht von Frankreichs Gnaden komme, sich nur seinem neuen Land verpflichtet fühlt.

Die Wirklichkeit freilich sieht völlig anders aus. Maximilian mag sich Kaiser von Mexiko nennen, Gebieter über ein gewaltiges Reich. Tatsächlich jedoch ist er lediglich eine Marionette des französischen Herrschers Napoleon III. Denn dieser hat einen neuen, monarchischen Staat in Mexiko errichtet und den Österreicher als dessen Oberhaupt eingesetzt. Mit keinem anderen Ziel, als Frankreich Einfluss

JAHRELANG TOBT in Mexiko ein Bürgerkrieg zwischen Konservativen und dem liberalen Präsidenten, dann fallen die Europäer ein. Auf Dauer gelingt es den Regierungstruppen nicht, die Invasionsarmee abzuwehren (französische Belagerung von Puebla)

in Amerika zu verschaffen. Und Maximilian hat eingewilligt. Nicht nur bereitwillig. Sondern begeistert. Denn der Habsburger ist ein Träumer. Er sieht sich als Gestalter und Neuerer, als gewichtige Figur, die nun endlich die glänzende politische Weltbühne betritt, eine Rolle einnimmt, die ihr schon lange zusteht. Die triste Realität, die kaum klarer erkennbar sein könnte als an diesem Tag im Hafen von Veracruz, blendet er aus. Es ist eine von Naivität, Eitelkeit und Stolz getriebene Fehleinschätzung, die ihn drei Jahre später sein Leben kosten wird.

Maximilian ist nicht der erste Kaiser Mexikos. Gut 40 Jahre zuvor bereits hat ein im Land geborener Offizier als Augustin I. die Krone empfangen, nachdem Mexiko unter seiner Führung die Unabhängigkeit von Spanien errungen hatte. Doch nur ein knappes Jahr später, 1823, zwingt der Druck gegnerischer Militärs den Herrscher zum Rücktritt. Im nunmehr republikanischen Staat folgt danach eine Regierung auf die nächste. Konstant allerdings bleibt zunächst die Verteilung wirtschaftlicher Macht; sie liegt weiterhin in den Händen der Konservativen, der Kirche, der Ober-

MIT HINTERLIST WIRD DER KANDIDAT ÜBERZEUGT

BALD LÄSST Napoleon III. in Mexiko ein von ihm abhängiges Kaiserreich ausrufen – für dessen Führung er unter falschen Versprechungen Maximilian gewonnen hat. Eine mexikanische Delegation offeriert 1863 dem gutgläubigen Habsburger die Krone in dessen Schloss in Europa

schicht, jener Kräfte, die den Grundbesitz im Land halten.

In den 1850er Jahren formt sich eine neue liberale Bewegung. Der Indigene Benito Juárez prägt sie, ein Zapoteke aus dem Süden Mexikos, der sich erst zum Anwalt und schließlich in hohe politische Ämter hochgearbeitet hat. Als er 1858 Staatspräsident wird, tobt bereits ein Bürgerkrieg zwischen den Befürwortern einer im Vorjahr erlassenen liberalen, gegen die Macht der Kirche gerichteten Verfassung und den Konservativen, denen sich allerdings auch Teile der Liberalen angeschlossen haben. Mit ambitionierten Reformgesetzen treibt Juárez dennoch die Säkularisierung im Land voran, führt die Zivilehe ein, löst Klöster auf und verkauft deren Ländereien.

Das gewaltsame Ringen belastet Mexikos Ressourcen enorm. Anfang 1861 endet es mit einem Sieg der Liberalen, doch der Staat ist wegen der Kriegsausgaben derart hoch verschuldet, dass Juárez bald darauf beschließt, die Rückzahlungen an die Gläubigerstaaten – vor allem Frankreich, Spanien und Großbritannien – für zwei Jahre auszusetzen.

Das nun kommt dem französischen Kaiser Napoleon III. nur zu gelegen. Der hegt schon länger den Gedanken, seinen Einfluss auf Mexiko auszuweiten – um dadurch in Amerika den expandierenden USA entgegenzutreten und sich zudem den Zugriff auf die Bodenschätze der Region zu sichern. Darüber hinaus ist er gerade

MAXIMILIANS Gattin Charlotte, in Mexiko Carlota genannt, bestärkt ihren Mann, den Kaisertitel anzunehmen. Die junge Tochter des Königs von Belgien ist fest davon überzeugt, dass Maximilian zu Allerhöchstem berufen ist

ALS JÜNGERER Bruder des österreichischen Kaisers lange ohne echte Aufgabe, stürzt sich Maximilian eifrig in seine neue Rolle, lässt etwa auch diesen Entwurf eines Ordens für weibliche Angehörige seines Reiches ausarbeiten

dabei, ein neues Kolonialreich zu errichten, und Mexiko wäre ein idealer Stützpunkt, um die bereits existierenden französischen Gebiete in Afrika mit denen im Pazifik und in Südostasien zu verbinden. Eine Eisenbahnstrecke oder sogar ein Kanal durch den Isthmus von Tehuantepec, die Landenge im Süden Mexikos, so die Idee, könnte eine Passage zwischen Atlantik und Pazifischem Ozean ermöglichen.

Unter dem Vorwand, die fälligen Schulden einzutreiben, schmiedet Frankreich mit Großbritannien und Spanien daher ein Militärbündnis. Ende 1861 landen die ersten Invasionstruppen in Mexiko. Den Großmächten bietet sich eine geradezu einmalige Gelegenheit. Denn die USA verbitten sich eigentlich, gemäß einer Doktrin ihres damaligen Präsidenten James Monroe von 1823, vehement alle europäischen Einmischungen in ganz Amerika. Im siegreichen Krieg gegen Mexiko in den 1840er Jahren haben die Vereinigten Staaten ihren Anspruch als Vormacht bekräftigt und auch ihr militärisches Potenzial gezeigt. Doch nun taumelt der ambitionierte Nachbar selbst: Weil dort Nord- und Südstaaten in einem blutigen Bürgerkrieg um Sklaverei und Einfluss gefangen sind, müssen die Europäer vorerst keine Reaktion aus Washington auf ihre Intervention in Mexiko fürchten.

Als Briten und Spanier allerdings klar wird, dass die Franzosen weit mehr anstreben als die Rückzahlung der Kredite, geben sie sich mit Zusicherungen der Juárez-Regierung zu den Kreditzahlungen zufrieden und treten den Rückzug an. Erst im Juni 1863, nachdem massive Verstärkungen aus Frankreich eingetroffen sind, gelingt es den Truppen Napoleons III., Mexiko-Stadt einzunehmen. Juárez muss sich zurückziehen und mit seinen Anhängern zum Guerillakampf übergehen. Frankreichs Herrscher lässt derweil konservative und antirepublikanische Mexikaner mobilisieren, die sich für eine neue Monarchie aussprechen sollen. Und für deren Spitze hat der Franzose längst schon einen Kandidaten.

S eine Wahl ist auf Erzherzog Ferdinand Maximilian gefallen, den jüngeren Bruder des österreichischen Kaisers Franz Joseph. Der Habsburger (ein Nachfahre von Karl V., unter dem Spanien im 16. Jahrhundert einst Mexiko unterworfen hatte) stammt nicht nur aus dem europäischen Hochadel, er gehört einer der ältesten und bedeutendsten Herrscherfamilien an.

Im Jahr 1856 sind sich Napoleon III. und Maximilian zum ersten Mal begegnet, auf einem Schloss bei Paris. Der Österreicher sieht in seinem Gegenüber zwar einen „Parvenu", wie er in einem Brief an Kaiser Franz Joseph schreibt, vermerkt sein wenig angenehmes Äußeres. Doch bald verflüchtigt sich der schlechte Eindruck, der Franzose erscheint ihm nun liebenswürdig und offenherzig, er lobt ihn für seine Redegewandtheit. Die Sympathie ist offenbar gegenseitig. Napoleon III. erkennt an Maximilian wohl ein gewisses Charisma, schätzt vermutlich sein zuvorkommendes Auftreten, seine Weltläufigkeit.

Der Habsburger spricht Französisch, Italienisch, Spanisch, Englisch, reist auf diplomatischen Missionen durch Europa, ist als Oberkommandant der österreichischen Kriegsmarine im Mittelmeer unterwegs. Bei Triest, dem Sitz des Marinekommandos, lässt er sich sein eigenes Prachtschloss Miramar errichten, 1857 ernennt ihn sein kaiserlicher Bruder zudem zum Generalgouverneur von Lombardo-Venetien. Bei Aufenthalten dort lädt Maximilian Künstler und Freigeister ein, gefällt sich in der Rolle des Mäzens. Über seine Beziehung zu Franz Joseph, dem Kaiser, schreibt Maximilian später in seinen privaten Aufzeichnungen: „Mein Freimut, mein burschikoses, offenes Wesen genieren, meine liberalen Ansichten schockieren ihn; meine ungebundene Zunge fürchtet er, mein aufbrausendes Temperament erschreckt ihn."

Maximilian verurteilt den harten Kurs des älteren Bruders, der im Zuge der revolutionären Unruhen von 1848 auf den Thron gelangt war und schon bei seinem Amtsantritt Rebellen in Ungarn, deren Aufstand das Vielvölkerreich zu zersprengen drohte, gefangen nehmen und hinrichten ließ. Dereinst, so hält der Jüngere einmal fest, werden manche „mit Entsetzen und Erstaunen" auf die Exekutionen derjenigen blicken, „deren einziges Verbrechen darin bestand, etwas anderes zu wollen als die willkürliche Herrschaft von Regierungen, die sich über das Gesetz gestellt haben". Trotz solcher Gedanken steht Maximilian

DIE MASSEN WOLLEN IHN? EINE LÜGE

fest zur Monarchie, die ihm – in Verbindung mit einer Verfassung – durchaus zeitgemäß erscheint. Ein konstitutionelles Königtum, ein Herrscher, vom Volk gestützt, das ist seine Vision. In der er sich offenbar selbst sieht. Zu Höherem fühlt er sich berufen. Ein Monarch im Geiste – ohne Reich.

Als im Frühjahr 1859 in Norditalien Krieg aufzieht, verliert Maximilian den Gouverneurstitel an einen General. Wenig später unterliegt Österreich in der Schlacht von Solferino gegen Napoleon III. sowie das Königreich Sardinien, an das es in der Folge fast die ganze Lombardei abtreten muss. Endgültig ein Herrscher ohne Land, bleibt Maximilian zutiefst frustriert zurück. „Es wird der Tag kommen, an dem Maximilian wieder ein hohes Amt bekleiden wird", schreibt seine Frau Charlotte, die junge Tochter des Königs von Belgien, im folgenden Jahr einer Vertrauten. Weil ihr Mann „dafür geschaffen und von der Vorsehung mit allem gesegnet wurde, was die Menschen glücklich macht".

Schon im Herbst 1861, als die Invasion in Mexiko Gestalt annimmt, lanciert Napoleon III. über den österreichischen Botschafter in Paris das Thema der künftigen Kaiserkrone. Indirekt, äußerst diplomatisch, aber für die Beteiligten wohl unmissverständlich: Er könne sich eine Unterstützung durch Frankreich

UNTER GROSSEM Jubel schifft sich das Kaiserpaar im April 1864 bei seinem Schloss unweit von Triest ein. Die Ankunft in Mexiko mehr als einen Monat später dagegen ist ernüchternd karg

DER KAISER ERTRÄUMT SICH EINE MODERNE MONARCHIE

IN MEXIKO-STADT können Maximilian und Charlotte auf breite Unterstützung für die Monarchie bauen. Doch Napoleons Truppen und konservative Mexikaner kontrollieren nur einen Teil des Landes (hier der Einmarsch der Franzosen in die Metropole)

vorstellen, sofern Maximilian für den mexikanischen Thron bereitstünde. Dem Franzosen ist dabei auch an einer Aussöhnung mit Österreich gelegen – schließlich ist das Verhältnis seit seinem Sieg in Solferino angespannt.

Maximilian ergreift seine Chance sofort. Jedes Opfer für Österreich sei ihm recht, lässt er voller Pathos ausrichten. Doch er stellt auch zwei konkrete Forderungen: Um eine größere politische Stabilität Mexikos vor allem gegenüber dem Nachbarn USA zu garantieren, solle neben Frankreich auch Großbritannien die neue Monarchie militärisch absichern. Zudem möge sich das mexikanische Volk – so erbittet er ganz im Sinne seiner schwärmerischen Ideale – in einer Abstimmung ausdrücklich für ihn aussprechen. Napoleon III. weiß, dass beides unerfüllbar ist. Die Briten haben ihm inzwischen unmissverständlich signalisiert, dass sie einen Regierungswechsel in der Region nicht mittragen werden. Zu teuer, zu riskant erscheint den Verantwortlichen in London das Unternehmen. Zumal es nach ihrer Einschätzung nicht genügend einheimische Unterstützer für eine Monarchie gibt. Dies ist auch der Grund, warum Napoleon die von Maximilian gewünschte Volksabstimmung auf jeden Fall vermeiden will: Die konservativen Verfechter des Kaisertums sind schlicht zu wenige.

Der Franzose beginnt daher nun ein verschlagenes Spiel. Die Militärhilfe der Briten stellt Napoleon trotz besseren Wissens Maximilian einfach in Aussicht. Und die breite Zustimmung der Bevölkerung suggeriert er ihm in einer groß angelegten Täuschung mithilfe monarchistisch gesinnter Mexikaner, die den Erzherzog mit Briefen und Petitionen überhäufen.

1863 dann entsendet die konservative mexikanische Übergangsregierung, die die Franzosen nach ihrer Einnahme von Mexiko-Stadt eingesetzt haben, eine Delegation nach Europa. Im Oktober überbringt sie Maximilian auf dessen Schloss Miramar das offizielle Thronangebot. Derweil werden in Mexiko, begleitet von zuweilen immensem französischem Druck, bei den Gemeinderäten im Land Bekundungen für die Monarchie eingeholt – um diese anschließend als Zustimmung sämtlicher Einwohner der jeweiligen Gemeinde zu werten. Das Ergebnis der hochgradig manipulierten Umfrage, das Maximilian schließlich im Frühjahr 1864 vorgelegt bekommt: Knapp 75 Prozent der gut acht Millionen Mexikaner plädieren angeblich für ihn.

Der österreichische Kaiser, der ebenfalls der Annahme der Krone zustimmen muss, wittert allerdings politisches Ungemach. Und er zwingt Maximilian vertraglich zum Verzicht auf alle Ansprüche und Anrechte in Österreich. Den politisch unberechenbaren Bruder mit seinen freigeistigen Anwandlungen hat er damit als Rivalen für immer ausgeschaltet, alle Verantwortung für ihn getilgt: Sollte es zu Problemen, etwa zu Aufständen in Mexiko, kommen, wäre Österreich nicht zum Einschreiten verpflichtet.

Eine Demütigung durch die eigene Familie, die Maximilian – im Gegensatz zu den arglistigen Manövern der Franzosen – sehr wohl wahrnimmt. Aber ein Rückzug ist kaum mehr möglich. Am 10. April 1864 nimmt er in Miramar von einer weiteren mexikanischen Gesandtschaft die Kaiserkrone an. Er erklärt dabei, die zunächst geltende Alleinherrschaft nach einiger Zeit durch eine Verfassung und „gemäßigt liberale Institutionen" ergänzen zu wollen. Sieht sich als Heilsbringer, der das mexikanische Volk von Anarchie befreien und in eine moderne, glorreiche Zukunft führen wird. Bereits im Herbst des Vorjahres hat er sein zukünftiges Herrscherdasein standesgemäß auf einer Yacht im Golf von Triest unweit seines Schlosses gefeiert: mit einem Feuerwerk in Rot, Grün und Weiß, den Farben Mexikos.

Der Kontrast könnte kaum größer sein, als Maximilian im Frühling 1864 seine neue Wirkungsstätte erreicht. Nach dem Einlaufen in den weitgehend verwaisten Hafen von Veracruz, nach dem ruppigen Auftritt des Admirals, trifft am Abend des 28. Mai doch noch der oberste Repräsentant der mexikanischen Übergangsregierung auf der „Novara" ein. Wegen der Gelbfiebergefahr hatte er sich außerhalb von Veracruz aufgehalten und zu spät von der bevorstehenden Ankunft erfahren. Das Kaiserpaar verbringt die Nacht an Bord. Am nächsten Morgen um fünf Uhr früh bricht der ganze Hofstaat in Richtung Mexiko-Stadt auf. In einer offenen Kutsche fahren Maximilian und Charlotte in der Morgendämmerung durch die leeren Straßen von Veracruz.

Mit 500 Gepäckstücken und rund 80 Personen – Berater und Sekretäre, Hofdamen, Diener und Köche, sogar ein Dirigent für Maximilians Orchester – bewegt sich der eskortierte Tross anschließend ins Landesinnere. Kämpft sich mit Kutschen und Reittieren auf rumpeligen und oft unbefestigten Wegen durch hohe Gebirge, an Vulkanen vorbei. Nur das erste Stück kann teilweise mit dem Zug zurückgelegt werden. Als der Kaiser und seine Gemahlin in einem Dorf von indigenen Anführern begrüßt werden, lassen sie ein gemeinsames Essen organisieren – und probieren auch von den Einheimischen zubereitete Speisen. Doch das Gericht aus stark gewürztem Truthahn mit Chili und Tortillas ist so scharf, dass sie kaum etwas davon herunterbekommen.

Am 12. Juni endlich erreichen die Europäer Mexiko-Stadt. Und anders als in Veracruz sind in der Kapitale, fest in der Hand der monarchistisch gesinnten Konservativen und der Franzosen, die Girlanden makellos, die breiten Avenidas beflaggt und die prächtigen Häuser mit Blumen geschmückt. Der Einzug von Maximilian und Charlotte, auf Spanisch fortan Carlota genannt, gerät zum Triumph: im offenen Wagen, begleitet von einer mexikanischen Garde, umtost von einer Menge Tausender Menschen, die ihnen auf dem Weg zur Kathedrale von den Balkonen aus zuwinken und „Viva el Emperador! Viva la Emperatriz!" jubeln.

Das Kaiserpaar, sichtlich versöhnt, lässt sich in den folgenden Tagen auf Banketten und Bällen feiern, etwa im prächtig überkuppelten Nationaltheater, zwischen glitzernd verspiegelten Wänden, unter Kronleuchtern und venezianischen Lampen. Eis, Biskuits und Liköre werden serviert, ganz nach europäischer Tradition. Maximilian präsentiert sich in schwarzem Anzug, geschmückt mit einem kaiserlich-mexikanischen Orden, Charlotte im pinkfarbenen Seidenkleid mit englischer Spitze und einer diamantbesetzten Krone. Die beiden geben sich alle Mühe, nahbar und großzügig zu wirken. Doch es gibt auch Irritationen. So weicht Charlotte verwirrt zurück, als die Frau eines Regierungsvertreters sie, wie in Mexiko unter Damen der höheren Gesellschaft üblich – doch gänzlich entgegen den höfischen Gepflogenheiten Europas –, nach ihrer Begrüßungsrede umarmen will.

Aber nicht nur die Sitten sind für das Herrscherpaar gewöhnungsbedürftig, auch der Komfort entspricht zunächst nicht dem ihnen vertrauten Standard. Die erste Nacht im viele Jahre nicht mehr als Residenz genutzten Nationalpalast von Mexiko-Stadt verbringt Maximilian wenig kaiserlich auf der Flucht vor Bettwanzen auf dem Billardtisch – während Charlotte es vorzieht, auf einer Terrasse zu nächtigen.

SKIZZE EINER Flagge des Kaiserreichs: Als Herrscher des neuen Staates hat Maximilian kaum Spielraum. Die Franzosen gängeln ihn, das Geld ist knapp, seine liberalen Maßnahmen erregen den Widerstand konservativer Kreise

Wohl auch deshalb zieht das Paar kurz darauf in das Schloss Chapultepec auf einem Hügel außerhalb der Stadt und macht es zu seinem dauerhaften Wohnsitz. In den folgenden Monaten lässt es der Kaiser von österreichischen Baumeistern renovieren, Landschaftsarchitekten legen einen Park an, den Maximilian der Bevölkerung öffnet. Für die Ausstattung des Gebäudes aus dem 18. Jahrhundert gibt der Ästhet enorme Summen aus, bestellt Seidentapeten und venezianische Lüster, chinesisches Porzellan und Kristallgläser aus Europa, die mit dem Schiff nach Veracruz geliefert und mit Mauleseln weitertransportiert werden.

Bei aller Prunksucht aber verbreitet er habsburgische Disziplin, steht um vier Uhr auf und geht in der Regel pünktlich um acht Uhr schlafen. Noch immer trägt er womöglich die Karte mit den 27 Lebensregeln bei sich. Vielleicht eine seiner liebsten davon jetzt: „Nie klagen, denn das ist ein Zeichen von Schwäche."

Von Beginn an versucht Maximilian zu errichten, was er als moderne Monarchie versteht. Er plant Telegrafenverbindungen, neue Eisenbahnstrecken, Straßenbeleuchtung. Er formt die Verwaltung um, zentralistisch und effizient, gliedert das Land dafür in 50 *departamentos*. Führt die Pflicht zum Schulbesuch ein, macht ihn kostenlos. Fördert Waisenhäuser, Kliniken und Altenheime für die Armen. Erlässt schließlich auch ein Gesetz, das kleinen Bauern, in der Regel Indigenen, Land zuteilt.

Doch bei aller Ambition ist sein finanzieller Spielraum zum Regieren gering, sind die Grenzen von Maximilians Macht jederzeit spürbar. Denn der Krieg gegen die Republikaner ist keineswegs beendet. In vielen Landesteilen kämpfen französische Truppen weiterhin gegen die Guerilleros von Benito Juárez; und in jenen Gebieten, in denen der Kaiser tatsächlich seine Herrschaft ausüben kann, stehen Frankreichs Soldaten als Besatzer.

Für Maximilian bedeutet die französische Militärpräsenz gleich eine doppelte Abhängigkeit. Napoleons Offiziere haben faktisch die oberste Befehlsgewalt in Mexiko. Zugleich, so seine Abmachung mit den Franzosen, muss der Österreicher die europäische Streitmacht aus seinem Haushalt bezahlen. Die Folge: ständig knappe Mittel, die seine politischen Projekte einschränken.

Um dennoch die neuen Untertanen für sich zu gewinnen, geht Maximilian auf Tour durch sein Reich. Im August 1864 bricht er zum ersten Mal auf. Es ist Regenzeit, und Charlotte bleibt krank und deprimiert in Chapultepec zurück, dem „sumpfigen Palast", wie sie ihm in einem Brief klagt. Maximilian dagegen bereist voller Tatkraft die Regionen, ernennt Beamte, spricht mit Vertretern der indigenen Bevölkerung, verteilt zumindest ein paar Gelder, setzt Feste und Empfänge an. Unterwegs pflegt er Liebschaften zu mexikanischen Frauen, die er hinreißend findet. Seine eigene Ehe wird kinderlos bleiben. Gerüchte sagen ihm eine Geschlechtskrankheit nach, die er sich schon vor der Hochzeit zugezogen habe und die ihn zeugungsunfähig mache. 1865 adoptiert er zwei Enkel des ersten mexikanischen Kaisers – um seine neue Dynastie zu sichern.

Aber allen politischen und diplomatischen Bemühungen zum Trotz gelingt es ihm nicht, die Mehrheit der Mexikaner hinter sich zu versammeln. Viele Indigene verehren ihn zwar dankbar. Aber ausgerechnet die einflussreichen Kleriker und Konservativen zeigen sich entsetzt vom Führungsstil des Kaisers, der ihnen nicht wie erhofft die während der Republik verlorenen Ländereien zurückgibt, sondern ihnen zugunsten der Armen sogar weitere Privilegien streitig macht.

Und die republikanisch gesinnten Untertanen wehren sich ohnehin gegen die Monarchie. Ihr Widerstand nimmt zu – vor allem, weil sie Hilfe von außen bekommen. Denn jenseits der Grenze entscheiden die Nordstaaten im Frühjahr 1865 den Bürgerkrieg für sich. Die USA sind wieder geeint, die für Frankreich so günstige Phase ihrer Schwäche endet, Forderungen werden laut, die Monroe-Doktrin umzusetzen und die Europäer zurückzudrängen. Washington übt bald massiven diplomatischen Druck auf Frankreich aus, seine Truppen aus Amerika abzuziehen, droht mit Krieg und Handelssanktionen. Der neue US-Präsident Andrew Johnson genehmigt zudem großzügige Waffen- und Munitionslieferungen an Benito Juárez.

Die Überfälle von republikanischen Truppen, nun mitunter verstärkt durch US-amerikanische Kämpfer, auf Stützpunkte der französischen Armee häufen sich. Zur Vergeltung brennen die Angegriffenen Orte komplett nieder. Um noch härter gegen die Guerilleros vorgehen zu können, setzt der französische Oberbefehlshaber den Kaiser enorm unter Zugzwang.

Und so beschließt Maximilian den sogenannten „schwarzen Erlass": Jeder, der ohne staatliche Erlaubnis mit Waffen in den Händen aufgegriffen wird, soll umgehend zum Tode verurteilt und exekutiert werden. Der französische Oberbefehlshaber gibt daraufhin seinen Kommandeuren die Order, keine Gefangenen zu machen, auch ein Gefangenenaustausch ist nicht mehr vorgesehen. „Auf beiden Seiten geht es nun nur noch um die Frage des Tötens oder des Getötetwerdens", schreibt er.

Doch bald wird klar: Auch diese brutalen Maßnahmen werden Frankreichs imperiales Projekt in Mexiko nicht mehr retten. Als Maximilian im Februar 1866 in einem Brief von Napoleon III. erfährt, dass der entschieden habe, sein Militär abzuziehen, reagiert er mit einem Wutausbruch, fühlt sich verraten und betrogen. Überdeutlich wird nun, dass der Franzose in ihm vor allem eine Figur in seinem eigenen Machtspiel gesehen hat. Einige Monate später wird zudem klar, dass wegen des US-amerikanischen Drucks auch die im Land stehenden Kontingente österreichischer Freiwilliger sowie die aus der Heimat seiner Frau gekommenen belgischen Soldaten keine weitere Unterstützung aus Europa erhalten werden.

Maximilian erwägt abzudanken. Charlotte allerdings will davon nichts wissen. Sie reist selbst nach Europa, um Napoleon III. persönlich umzustimmen. Doch der französische Kaiser bleibt bei seiner Entscheidung. Er sei der „Teufel in Person", schreibt Charlotte an Maximilian. Nach einem Aufenthalt auf Schloss Miramar bricht sie zu Unterredungen mit dem Papst nach Rom auf. Am Ende ihrer Nerven, wittert sie dort angekommen überall Verfolgung und befürchtet, vergiftet zu werden. Bei einem Treffen mit Pius IX. verfällt sie vollends in Wahnvorstellungen; ihr eigens aus Belgien

DIE GESAMTE Zeit über gilt Benito Juárez seinen Anhängern als Präsident der lediglich verdrängten mexikanischen Republik und führt einen Guerillakrieg gegen die Monarchie. Mit US-amerikanischer Hilfe gewinnt er schließlich die Oberhand

angereister Bruder geleitet sie schließlich nach Miramar zurück. (Sie wird sich, bis zu ihrem Tod 60 Jahre später, psychisch nie wieder richtig erholen.)

Napoleon III. hält unterdessen die Zeit für ein Machtwort gekommen. Er fordert seinen Monarchen in Mexiko auf, der Realität ins Auge zu blicken, und legt ihm unmissverständlich nahe, sein Amt niederzulegen. Ohne französische Unterstützung, das weiß er, wird sich Maximilian nicht halten können.

Doch der Österreicher mag sich auch jetzt nicht zum Rücktritt durchringen. Wäre es nicht erst einmal das Beste, über den Atlantik zu reisen, um Charlotte beizustehen? Er ist unentschlossen, wohin ihn sein Weg führen soll. Schlimmer als die mögliche Abdankung an sich, der Verlust von Amt und Titel, erscheint Maximilian vermutlich die Demütigung, in ein nutzloses Leben als Privatier nach Europa zurückzukehren. Getragen von seinem selbst auferlegten kaiserlichen Verantwortungsbewusstsein und vielleicht auch von ungebrochenem Machtwillen, hält er an der mexikanischen Krone fest und bemüht sich um Haltung. Der Verbleib wird ihm zu einer Frage der Ehre, auch als die französischen Truppen im Februar 1867 tatsächlich aufbrechen, um das Land zu verlassen.

Mit seinen knappen Mitteln hat Maximilian in den letzten Jahren immerhin eine kleine kaiserlich-mexikanische Streitmacht aufstellen können, zudem sind noch immer etliche ausländische Freiwillige im Land, bereit, für ihn zu kämpfen. Mit einem Teil der Truppen, rund 2000 Mann, macht er sich noch im Februar selbst auf, zu Pferde, an der Spitze seiner Soldaten: In Generalsuniform mit

AUF DRÄNGEN der USA ziehen sich die Franzosen wieder aus Mexiko zurück. Doch fast trotzig harrt Maximilian aus – und wird schließlich im Juni 1867 von republikanischen Soldaten hingerichtet. In seiner freien Nachempfindung der Szene von 1869 gibt der Maler Édouard Manet indirekt Napoleon III. die Schuld an dem Geschehen – indem er die Schützen französische Uniformen tragen lässt

Sombrero, bewaffnet mit einem Säbel und zwei Pistolen reitet er, der nie in einer Armee gekämpft hat, seinem Schicksal entgegen.

Sein Ziel ist die Stadt Querétaro, rund 200 Kilometer nordwestlich von Mexiko-Stadt. Der gut befestigte, kaisertreue Ort, wo sich nun verschiedene Einheiten seiner Armee versammeln, ist ein geeigneter Stützpunkt, um die republikanischen Truppen aufzuhalten, die von Norden Richtung Hauptstadt ziehen wollen. Gleichzeitig wäre Querétaro ein passender Schauplatz für das Treffen, das Maximilian seinem Widersacher Benito Juárez, der sich weiterhin als Präsident der Republik sieht, in einem Brief angeboten hat, um die Bedingungen für einen Nationalkongress auszuhandeln. Dieser müsse zusammenkommen, so stellt es Maximilian sich vor, um im Sinne des Landes endgültig darüber zu entscheiden, ob Mexiko eine konstitutionelle Monarchie oder eine Republik sein soll.

Die Antwort von Juárez, der sich in völliger militärischer Überlegenheit weiß, kommt nie. Stattdessen kreisen die republikanischen Truppen Maximilian in Querétaro ein. Der Kaiser errichtet sein Hauptquartier anfangs auf einem Hügel nahe der Stadt. Mitte März 1867 zieht er mit seinen Offizieren in ein Kloster im Ort.

Doch einer seiner Kommandeure wechselt die Seiten. Mit der Hilfe des Überläufers dringen die Soldaten von Benito Juárez nahezu kampflos in die Stadt ein. Kurz darauf kapituliert der Kaiser und lässt sich ohne Gegenwehr gefangen nehmen. Ein Plan zur Flucht misslingt einige Zeit später – wohl auch, weil er Maximilian unehrenhaft erscheint.

Trotz seines Arrests hält er eine Zukunft noch immer für möglich. Will seine Memoiren schreiben, nach Neapel und Griechenland reisen, wie er seinem Sekretär unter den Orangenbäumen im Hof des Klosters anvertraut, das nun sein Gefängnis ist.

Doch es gibt keinen Aufschub mehr. Das Militärgericht der endgültig siegreichen Republikaner tagt kurz darauf im Theater von Querétaro. Maximilian wird beschuldigt, mit den französischen Invasoren kollaboriert und die Waffen gegen die Republik erhoben zu haben; unter anderem durch seinen „schwarzen Erlass" habe er den Tod Tausender Mexikaner verursacht. Am 16. Juni verliest man ihm das Urteil: schuldig. Die Strafe: Tod durch Erschießen.

„Ich wollte immer an einem sehr klaren Tag mit gutem Wetter sterben", bemerkt er gegenüber einem Vertrauten. An Charlotte schreibt er einen Abschiedsbrief: „Ich werde stolz wie ein Soldat fallen, wie ein König besiegt, aber nicht entehrt."

Am 19. Juni 1867 wird er zum Hinrichtungsplatz gebracht. Er verteilt Goldstücke an das Erschießungskommando: Sie sollen dafür auf sein Herz zielen, nicht auf den Kopf – damit ihn seine Mutter nach dem Tod noch wiedererkennt. Doch seine letzten Gedanken gelten nicht dem fernen Österreich, sondern seinem neuen Land, dem er sich als wahrer Monarch bis zum Schluss verpflichtet fühlt: „Lang lebe Mexiko. Lang lebe die Unabhängigkeit", ruft er auf Spanisch.

Der Tag ist wolkenlos, als Maximilian, der Zweitgeborene des Hauses Habsburg, Träumer, kurzzeitig Kaiser von Mexiko, im Kugelhagel zusammenbricht.

Es ist das Ende einer persönlichen Tragödie. Für viele Mexikaner dagegen markiert dieser Moment einen weiteren Triumph über die europäische Fremdherrschaft, eine Art zweite Unabhängigkeit. Und den österreichischen Habsburgern ist das Ganze wohl vor allem: eine peinliche Fußnote ihrer Geschichte. ◊

LITERATURTIPPS

M. M. MCALLAN
»Maximilian and Carlota – Europe's Last Empire in Mexico«
Detailreiche Nacherzählung einer tragischen Geschichte (Trinity University Press).

BRIAN R. HAMNETT
»A Concise History of Mexico«
Guter Überblick (Cambridge UP).

GEO+ EPOCHE DOSSIER

Lesen Sie auch »Donaumonarchie: Die letzte Blüte« (aus GEOEPOCHE Nr. 46) über Österreich unter Kaiser Franz Joseph auf www.geo-epoche.de

IN KÜRZE

Anfang der 1860er Jahre nutzt Frankreich die Lage in Amerika, um große Teile Mexikos zu erobern und einen von Paris abhängigen Kaiser zu installieren: Maximilian I., einen von naivem Sendungsbewusstsein und Eitelkeit erfüllten Angehörigen der österreichischen Herrscherdynastie. Nach nur drei Jahren und dem Abzug der Franzosen aber zerfällt dessen Reich. Damit endet die letzte Episode europäischer Fremdherrschaft auf mexikanischem Boden.

GEOEPOCHE
Das Magazin für Geschichte

IMPRESSUM

CHEFREDAKTION: Jürgen Schaefer, Katharina Schmitz
REDAKTIONSLEITUNG: Joachim Telgenbüscher
MANAGING DESIGNERIN: Tatjana Lorenz
GESCHÄFTSFÜHRENDE REDAKTEURIN: Maike Köhler
TEXTREDAKTION: Johannes Teschner (Konzept dieser Ausgabe), Jens-Rainer Berg, Kirsten Bertrand, Insa Bethke, Dr. Anja Fries, Dr. Mathias Mesenhöller
BILDREDAKTION: Julia Franz, Christian Gargerle
GRAFIK: Frank Strauß
KARTOGRAFIE: Ralf Bitter (frei), Klaus Kühner (frei)
QUALITY BOARD – VERIFIKATION, RECHERCHE, SCHLUSSREDAKTION: Leitung: Tobias Hamelmann, Stellvertreterin: Melanie Moenig; Dirk Krömer, Andreas Sedlmair, Stefan Sedlmair (Koordination GEO*EPOCHE*); Elke von Berkholz, Lenka Brandt, Regina Franke, Hildegard Frilling, Dr. Götz Froeschke, Cornelia Haller, Sandra Kathöfer, Judith Ketelsen, Petra Kirchner, Jeanette Langer, Michael Lehmann-Morgenthal, Kirsten Maack, Susan Molkenbuhr, Alice Passfeld, Christian Schwan, Bettina Süssemilch, Torsten Terraschke
HONORARE/SPESEN: Andrea Gora-Zysno, Heidi Hensel, Daniela Klitz, Katrin Schäfer, Carola Scholze, Katrin Ullerich

VERANTWORTLICH FÜR DEN REDAKTIONELLEN INHALT: Jürgen Schaefer, Katharina Schmitz

VICE PRESIDENT NEWS, WIRTSCHAFT & WISSEN (PRINT/DIGITAL): Bianca Wannemacher
PRODUCT MANAGEMENT: Saskia Schröder
SALES DIRECTION: Mona Biehl
MARKETING DIRECTION: Stefan Bromberg
PRESSE- UND ÖFFENTLICHKEITSARBEIT: Bettina Klauser, Michelle Wilbois

LIZENZEN: BRANDS Licensing by G+J: Siegel und Sonderdrucke, Koordination: Petra Martens, Anfragen: Markus Disselhoff, E-Mail: markus.disselhoff@rtl.de
VERANTWORTLICH FÜR DEN ANZEIGENTEIL: Petra Küsel, Director Brand Print + Crossmedia, Ad Alliance GmbH, Am Baumwall 11, 20459 Hamburg. Es gilt die jeweils aktuelle Preisliste unter www.ad-alliance.de
HERSTELLUNG: G+J Herstellung, Heiko Belitz (Ltg.), Oliver Fehling
Druckvorstufe: Mohn Media Mohndruck GmbH, Gütersloh
Druck: Quad/Graphics, Wyszków

Gruner + Jahr Deutschland GmbH
Sitz von Verlag und Redaktion:
Am Baumwall 11, 20459 Hamburg.
Postanschrift der Redaktion:
Brieffach 24, 20444 Hamburg.
Telefon: 040 / 37 03-0
Internet: www.geo.de/epoche

Heftpreis: 14,00 Euro (mit DVD: 19,50 Euro)
ISBN: 978-3-652-01507-3;
978-3-652-01513-4 (Heft mit DVD)
ISSN: 1861-6097

© 2024 Gruner + Jahr Deutschland GmbH

Bankverbindung: Deutsche Bank AG Hamburg,
IBAN: DE 30 2007 0000 0032 2800 00,
BIC: DEUTDEHH

GEO-LESERSERVICE

FRAGEN AN DIE REDAKTION
E-Mail: briefe@geo-epoche.de

BESTELLADRESSE FÜR GEO-BÜCHER, GEO-KALENDER, SCHUBER ETC.
Anschrift: GEO-Versand-Service, 74569 Blaufelden
Telefon: +49 / 40 / 42 23 64 27
Telefax: +49 / 40 / 42 23 66 63
E-Mail: guj@sigloch.de

ABONNEMENT- UND EINZELHEFTBESTELLUNG
Online-Kundenservice:
www.geo.de/kundenservice
Telefon: 0049 / 40 / 55 55 89 90
Service-Zeiten: Mo–Fr 7.30 bis 20.00 Uhr, Sa 9.00 bis 14.00 Uhr
Postanschrift: GEO*EPOCHE* Kundenservice, 20080 Hamburg

Preise Jahresabonnement:
98,00 € (D), 108,50 € (A), 154.00 sfr (CH)
mit DVD:
129,00 € (D), 145,50 € (A), 217.00 sfr (CH)
Studentenabonnement:
58,80 € (D), 65,10 € (A), 92.40 sfr (CH)
mit DVD:
81,20 € (D), 94,50 € (A), 138,60 sfr (CH)
Preise für weitere Länder auf Anfrage erhältlich

USA: GEO*EPOCHE* is published by Gruner + Jahr Deutschland GmbH
K.O.P.: German Language Pub., 153 S Dean St, Englewood NJ 07631.
Periodicals Postage is paid at Paramus NJ 07652.
Postmaster: Send address changes to GEO*EPOCHE*, GLP, PO Box 9868, Englewood NJ 07631
KANADA: Sunrise News, 47 Silver Shadow Path, Toronto, ON, M9C 4Y2,
Tel.: +1 647-219-5205,
E-Mail: sunriseorders@post.com

Alle Fakten und Daten in dieser Ausgabe sind vom Verifikations- und Rechercheteam im Quality Board auf ihre Richtigkeit überprüft worden.

FOTOVERMERK NACH SEITEN

Anordnung im Layout: l.= links, r.= rechts, o.= oben, m.= Mitte, u.= unten

Titelbild: Brustschmuck einer hochrangigen aztekischen Person (Zedrelenholz mit Mosaik aus Türkis und roten Muschelschalen, vor 1521)
Rückseite: Wappen der Vereinigten Mexikanischen Staaten; der auf einem Feigenkaktus sitzende Adler, der eine Schlange in Schnabel und Krallen hält, entstammt der Gründungslegende der aztekischen Hauptstadt Tenochtitlan

TITEL: The Trustees of the British Museum/bpk
EDITORIAL: Malte Joost für GEO*EPOCHE*
INHALT: Courtesy © Graciela Iturbide: 4 o. l.; Fine Art Images/Bridgeman Images: 4 o. r.; Museo Nacional de Historia: 4 u. r.; Tim Möller-Kaya für GEO*EPOCHE*: 4 m.; British Library Archive/Bridgeman Images: 4. u. r.; ullstein bild/picture alliance: 5 o.; Fine Art Images/Interfoto/© Banco de México Diego Rivera & Frida Kahlo Museums Trust/VG Bild-Kunst, Bonn 2024: 5 m.; Daniel Aguilar/Reuters: 5 u.
ZWISCHEN GESTERN UND MORGEN: David Seymour/Magnum Photos/Agentur Focus: 6/7; Luis Marden/GEO Image Collection/Bridgeman Images: 8/9; A. Abbas/Magnum Photos/Agentur Focus: 10, 11, 21; Alfred Strobel/SZ Photo/picture alliance: 12; © Fondation Henri Cartier-Bresson/Magnum Photos/Agentur Focus: 13; Courtesy © Graciela Iturbide: 14/15; Herbert List/Magnum Photos/Agentur Focus: 16, 17; AP/picture alliance: 18/19; Graziella Iturbide, Photography © Museum of Fine Arts, Boston: 20
EINE GESCHICHTE VOLLER UMBRÜCHE: Klaus Kühner für GEO*EPOCHE*: 22/23, 24; Ralf Bitter für GEO*EPOCHE*: 25
ITZCOATL: The Trustees of the British Museum/bpk: 26/27; © The Trustees of the British Museum: 28 o., 41; John Carter Brown Library: 28 u., 31 o., 32 u., 35 u., 36 u., 39 u.; Fine Art Images/Bridgeman Images: 29; Kenneth Garrett/GEO Image Collection/Bridgeman Images: 30, 38; The Metropolitan Museum of Art: 31 u., 32 o., 34; A. De Gregorio/DeAgostini/New Picture Library/bpk: 33; Universal Images Group/Getty Images: 35 o.; Mostardi Photography/Alamy Stock Photo: 36 o.; Bridgeman Images: 37, 40; LMA/AW/Alamy Stock Photo: 39 o.
DIE STIMME DER FREMDEN: Tim Möller-Kaya für GEO*EPOCHE*: 42
EINE STADT NAMENS MEXIKO: British Library Archive/Bridgeman Images: 44/45; Selections from the Library of Lorenzo H. Zambrano: 46 o.; Christie's Images/Bridgeman Images: 46/47, 52/53; Album/Prisma/akg-images: 47 o.; Gianni Dagli Orti/Shutterstock: 48/49; Album/Oronoz/imago: 50 o.; De Agostini Picture Lib./G. Dagli Orti/akg-images: 50 m., 52 o., 54/55; Luisa Ricciarini/Bridgeman Images: 50 u.; IBERFOTO/ullstein bild: 51 o., 51 u.; NPL – DeA Picture Library/Bridgeman Images: 53 o.; Wirestock, Inc./Alamy Stock Photo: 56
VATER DER NATION: Tim Möller-Kaya für GEO*EPOCHE*: 58
DER KAMPF DER JUNGEN HELDEN: Lithographie Adolphe Jean-Baptiste Bayot: 60–61; INAH: 61 u., 63 u., 64 u., 67 u., 69 u., 71 u.; Ralf Bitter für GEO*EPOCHE*: 62 o. l.; Granger, NYC/Interfoto: 62/63, 66/67; Sammlung Rauch/Interfoto: 65, 68/69; Gianni Dagli Orti/Shutterstock: 66 m. l.; The Stapleton Collection/Bridgeman Images: 70/71
TRÄUMER UND TOR: Museo Nacional de Historia: 72/73; Österreichische Nationalbibliothek: 73 m. r., 78, 82; Gérard Blot/GrandPalaisRMN/bpk: 74; Josse/Scala, Firenze: 75; G. Dagli Orti/De Agostini Picture Library/akg-images: 76; akg-images: 77; Sergio Anelli/Electa/Mondadori Portfolio via Getty Images: 79; Oronoz/Album/akg-images: 80; Colección Recinto de Homenaje a Don Benito Juárez, SHCP: 83; André Held/akg-images: 84
DIE GESCHICHTE MEXIKOS: Rene MATTES/Gamma-Rapho via Getty Images: 87; piemags/imago: 88; The Metropolitan Museum of Art: 89 u. l., 93, 95; Photoshot/picture alliance: 89 o. r.; G. Dagli Orti/De Agostini Picture Library/akg-images: 90; Wallace Collection/Bridgeman Images: 91; Granger/Bridgeman Images: 92; Heritage Images/imago: 94; Brooklyn Museum, Gift in memory of Elizabeth Ege Freudenheim: 96; Don Troiani/Bridgeman Images: 97; Boltin Picture Library/Bridgeman Images: 98
LESEZEICHEN: Library of Congress: 99
DAS BLUT DER FREIHEITSKÄMPFER: Ullstein bild/picture alliance: 100/101; Library of Congress: 102 m. l., 104/105; Heritage Images/Index Fototeca/ullstein bild: 102/103; George Rinhart/Corbis via Getty Images: 103 m. r.; adoc-photos/bpk: 105 m. r.; Peter Newark American Pictures/Bridgeman Images: 106/107; GRANGER Historical Picture Archive/imago: 107 m. r.; akg-images: 108 o. l., 108/109, 114; UIG/HUM Images/akg-images: 109 m. r.; Corbis Historical/Getty Images: 110/111; Corbis/VCG via Getty Images: 111 m. r.; Denis Chevalier/akg-images: 112 o. l.; Science Source/akg-images: 112/113; Archivo ABC: 115
DIE MEISTERIN DER SCHMERZEN: Fine Art Images/Interfoto/© Banco de México Diego Rivera & Frida Kahlo Museums Trust/VG Bild-Kunst, Bonn 2024: 117; Schalkwijk, Art Resource, NY/bpk/© Banco de México Diego Rivera & Frida Kahlo Museums Trust/VG Bild-Kunst, Bonn 2024: 118; Granger/Bridgeman Images: 119 o.; Frida Kahlo & Diego Rivera Archives, Bank of Mexico Diego Rivera & Frida Kahlo Museums Trust: 119 u.; akg-images/© Banco de México Diego Rivera & Frida Kahlo Museums Trust/VG Bild-Kunst, Bonn 2024: 121 o. l., 121 m. l., 121 u. m.; Fine Art Images/Bridgeman Images/© Banco de México Diego Rivera & Frida Kahlo Museums Trust/VG Bild-Kunst, Bonn 2024: 121 o. m., 121 m. r., 121 u. l., 130; Interfoto/© Banco de México Diego Rivera & Frida Kahlo Museums Trust/VG Bild-Kunst, Bonn 2024: 121 o. r.; Fine Art Images/Bridgeman Images/© 2024 Banco de México Diego Rivera & Frida Kahlo Museums Trust, Mexico, D.F./Artists Rights Society (ARS), New York: 121 m. m.; Christie's Images/Bridgeman Images/© Banco de México Diego Rivera & Frida Kahlo Museums Trust/VG Bild-Kunst, Bonn 2024: 121 u. r.; Fine Art Images/imago/© Banco de México Diego Rivera & Frida Kahlo Museums Trust/VG Bild-Kunst, Bonn 2024: 122; Gisèle Freund/IMEC, Fonds MCC/bpk: 123; © Frida Kahlo & Diego Rivera Archives Bank of Mexico, Diego Rivera & Frida Kahlo Museums Trust: 124; Schalkwijk, Art Resource, NY/bpk/© 2024 Banco de México Diego Rivera & Frida Kahlo Museums Trust, Mexico, D.F./Artists Rights Society (ARS), New York: 125; akg-images/© Banco de México Diego Rivera & Frida Kahlo Museums Trust/VG Bild-Kunst, Bonn 2024: 126; ullstein bild/© Banco de México Diego Rivera & Frida Kahlo Museums Trust/VG Bild-Kunst, Bonn 2024: 127 l.; Detroit Institute of Arts/Bridgeman Images: 127 r.; Scala/Dig. Image MoMA, New York: 128; Bridgeman Images/© 2024 Banco de México Diego Rivera & Frida Kahlo Museums Trust, Mexico, D.F./Artists Rights Society (ARS), New York: 129, Bridgeman Images: 131; Museum of Fine Arts, Houston Gift of Mr and Mrs Maurice H. Cottle/Bridgeman Images: 132
GEGEN DAS REGIME: Tim Möller-Kaya für GEO*EPOCHE*: 134
DIE NARCOS UND DER ERMITTLER: Daniel Aguilar/Reuters: 136/137; DEA Museum: 136 u. l., 139 u. l.; GDA/Newsroom/imago: 139 o. l., 140 o. r.; Roger-Viollet: 139 o. r.; Reuters: 139 u. r.; Walter Rudolph/United Archives/SZ Photo: 140 o. l.; aus »La verdadera historia de Camarena según Hilda Vázquez« por Isabel Arvide, Dora Herrera: 140 u. l.; ZUMA Press/imago: 140 u. r.; Peter Phipp/Getty Images: 142 o. l.; Corbis Historical/Getty Images: 142 u. r.; Neil Rabinowitz/Getty Images: 143; A. Abbas/Magnum Photos/Agentur Focus: 144 o. l., u. l., u. r.; AP Photo/picture alliance: 144 o. r.; Reuters: 147 u. l.; ALFREDO ESTRELLA/AFP via Getty Images: 147 m. r.; Peter Jordan/Popperfoto via Getty Images: 147 u. r.
INTERVIEW: Privat: 152; AP Photo/picture alliance: 153; Pat Benic/UPI/laif: 154; R. M. Nunes/Alamy Stock Photo: 156; Amazing Aerial/Westend61: 157
MENSCHEN DAHINTER: Privat: 158 o. l.; ERIK S. LESSER/EPA-EFE: 158 o. r.; Mo Wüstenhagen: 158 u. l.
VORSCHAU: Piemags/imago: 162 o.; Gemini Collection/imago: 162 u.; Heritage-Images/picture alliance: 163 o. l.; akg-images: 163 o. m.; Josse/Bridgeman Images: 163 o. r.; AISA/ullstein bild: 163 m; Bridgeman Images: 163 u. l.; piemags/rmn/Alamy/mauritius images: 163 u. r.
RÜCKSEITE: Juan Manuel Gabino Villascán/MNH

Zeittafel
Daten und Fakten

IN MÄCHTIGEN STUFEN strebt die große Pyramide von Chichen Itza auf der Halbinsel Yucatán in den Himmel. Errichtet haben sie Angehörige der Maya-Kultur, deren Stadtstaaten in der Region im 1. Jahrtausend und auch darüber hinaus blühen

DIE GESCHICHTE MEXIKOS

TEXT: *Svenja Muche*

Die fruchtbare Region, die einmal das Herz des heutigen Mexiko bilden wird, lockt seit Jahrtausenden Menschen an, ist Wiege einzigartiger Hochkulturen – bis spanische Eroberer sich im 16. Jahrhundert ihrer bemächtigen. Das vielfältige Erbe von Indigenen und Europäern prägt das Land bis heute

Die ersten Jäger und Sammler erreichen das Territorium des heutigen Staates Mexiko vor mehr als 20 000 Jahren. Sie folgen ihren Beutetieren wie Mammuts oder Bisons von Norden her in das Gebiet, das im Osten vom Atlantischen und im Westen vom Pazifischen Ozean begrenzt wird. Ein gewaltiges Hochland dominiert Nord- und Zentralmexiko, flankiert von den Gebirgszügen der Sierra Madre Oriental und der Sierra Madre Occidental. Zu den zahlreichen Becken, in die dieses Plateau unterteilt ist, zählt das Tal von Mexiko mit der heutigen Hauptstadt Ciudad de México. Es grenzt bereits an die Sierra Volcánica Transversal, deren teils noch aktiven Feuerberge das Hochland nach Süden hin abschließen. Jenseits des Isthmus von Tehuantepec erstreckt sich der Südosten des modernen Staates mit der Halbinsel Yucatán.

Um 7000 v. Chr. breiten sich im Norden des heutigen Mexiko Wüsten aus. Zu dieser Zeit ziehen kaum mehr große Säugetiere im Hochland umher, möglicherweise weil die als Wildbeuter lebenden Menschen die Tiere bis zur Ausrottung bejagt haben. Sie suchen nun verstärkt nach essbaren Pflanzen, zu denen auch die später *teosinte* genannten Wildgräser zählen. Wohl im Tal des Río Balsas im Südwesten des heutigen Mexiko entsteht durch Züchtung nach und nach aus einer Teosinte-Art der Mais, der bald zur bedeutendsten Nahrungspflanze der gesamten Region wird. Zudem kultivieren die Menschen Kürbisse, Bohnen und Chili.

SITZEND, DIE KRÄFTIGEN
Arme angespannt, hält dieser Mann einen Gummiball vor sich. Die Grabbeigabe verewigt vermutlich das Können eines Verstorbenen im Ballspiel, einem in Mesoamerika weitverbreiteten Brauch (Keramik, 100 v. Chr.–300 n. Chr.)

um 2250 v. Chr.

An der Südküste des Golfs von Mexiko entstehen die vermutlich ersten permanent bewohnten Siedlungen im heutigen Staatsgebiet. Ungefähr zur selben Zeit fertigen Menschen die frühesten Keramikgefäße Mesoamerikas (des Kulturraums, der in etwa die südliche Hälfte Mexikos sowie die östlich anschließenden Staaten Zentralamerikas umfasst).

um 1650 v. Chr.

Unweit der heutigen Grenze zu Guatemala, in einer größeren Siedlung mit dem modernen Namen Paso de la Amada, entsteht der älteste bekannte Ballspielplatz Mesoamerikas: ein fast 80 Meter langes Spielfeld mit tribünenartigen Bauten an den Längsseiten. Zahlreiche ähnliche Arenen in allen Teilen der Region bezeugen die über Jahrtausende in unterschiedlichen Kulturen gepflegte Tradition der Ballspiele, die vermutlich nicht nur sportlicher Betätigung dienen, sondern auch kultische Bedeutung haben. Die dazu genutzten Bälle werden aus Naturgummi hergestellt, das die Menschen aus dem Saft verschiedener Pflanzen gewinnen – darunter der Chicle-Baum, dessen Absonderungen auch Grundstoff für eine Art Kaugummi sind.

um 1200–400 v. Chr.

Am Südufer des Golfs von Mexiko blüht die erste Hochkultur Mesoamerikas. Ihre Träger, von Forschern später als „Olmeken" („Leute aus dem Gummiland") bezeichnet, errichten Zentren mit Häusern, Palästen und Tempeln, nutzen ein Kalendersystem, betreiben Fernhandel. Olmekische Künstler erschaffen Monumentalskulpturen und Kleinplastiken, die Bildhauer anderer Kulturen nachahmen werden. Nachdem die wichtigsten Stätten der Olmeken um 400 v. Chr. aus unbekannten Gründen aufgegeben werden, wird ihre Kultur von den „Epi-Olmeken" fortgeführt.

um 650 v. Chr.

Auf einem Hügel im heutigen südwestmexikanischen Bundesstaat Oaxaca entsteht eine Stadt mit dem modernen Namen Monte Albán. Die Angehörigen der von hier ausgehenden Kultur werden wie die bis heute in diesem Bereich lebende indigene Bevölkerungsgruppe Zapoteken genannt. Die Herrscher von Monte Albán unterwerfen die Bewohner benachbarter Täler und weiten ihren Einfluss möglicherweise bis an die Pazifikküste aus. Um 200 v. Chr. zählt die Stadt rund 16 000 Einwohner. Wohl bereits bei Gründung von Monte Albán benutzen sie, etwa für Kalenderangaben, ein Zeichensystem, das viele Forschende als die erste Schrift Amerikas ansehen. Möglicherweise handelt es sich jedoch bei einer Schrift, die durch Funde in der Gegend des Isthmus von Tehuantepec aus etwas späterer Zeit belegt ist und mit den Epi-Olmeken in Verbindung gebracht wird, um das erste voll entwickelte Schreibsystem des Kontinents.

um 50 v. Chr.

In Zentralmexiko bricht der Vulkan Xitle aus und zerstört mit seinem Lavastrom die nahe gelegene Stadt Cuicuilco (heute im Gebiet von Mexiko-Stadt). In den Jahrhunderten zuvor hatte sich Cuicuilco zur vermutlich ersten Großsiedlung im Hochtal von Mexiko entwickelt, zeitweise leben hier schätzungsweise 20 000 Menschen. Nun fliehen viele Bewohner ins rund 50 Kilometer nordöstlich gelegene Teotihuacan, das ab etwa 100 n. Chr. zum mächtigsten Stadtstaat der Region aufsteigt.

36 v. Chr.

Ein Bildhauer führt auf einer Steintafel (gefunden in einer Siedlung im heutigen Bundesstaat Chiapas) eine Tagesangabe aus diesem Jahr aus, die als ältester Beleg für die sogenannte „Lange Zählung" gilt: Von einem Tag „null" ausgehend, der im gregorianischen Kalender dem 11. August 3114 v. Chr. entspricht, werden die Tage fortlaufend gezählt – eine Form der Datumsangabe, die vor allem in den Reichen der Maya weite Verwendung findet.

300–900 n. Chr.

Auf der Halbinsel Yucatán und angrenzenden Gebieten blüht die Kultur der Maya. Sie bauen Siedlungen zu prächtigen Städten aus, darunter Palenque und Calakmul und gründen mächtige Stadtstaaten. Ihren Göttern huldigen die Maya in Tempeln, die auf gewaltigen Pyramidenplattformen stehen. Sie nutzen ein voll entwickeltes Schriftsystem, führen Tabellen über Sonnenfinsternisse, beobachten die Bahnen der Planeten. Systeme aus Kanälen und Reservoirs dienen der Bewässerung und als Verkehrswege.

um 500

Teotihuacan steht auf dem Höhepunkt seiner Bedeutung. Um die 200 000 Menschen, womöglich auch mehr, leben in der Metropole, die das gesamte Hochland dominiert. Ihre Handelskontakte reichen zu Golf- und Pazifikküste, nach Norden bis in die heutigen USA, im Süden bis nach Guatemala.

um 600

In Westmexiko beginnen die Menschen, Metall – Silber und vor allem Kupfer – zu verarbeiten. Zwar erwerben mesoamerikanische Handwerker auch die Fähigkeiten, Metalle aus Erzen zu gewinnen und sie zu Legierungen wie Bronze (aus Kupfer und Zinn) zu verbinden. Doch anders als in der Alten Welt werden sie Metalle fast ausschließlich für Artefakte wie Glocken, Schmuck und zeremonielle Gegenstände verwenden. Bevorzugter Werkstoff für Waffen und Werkzeuge bleibt Stein, dessen Verarbeitung höchstes Niveau erreicht.

um 650

Das Zentrum von Teotihuacan wird niedergebrannt, die meisten Einwohner verlassen die Stadt; ob äußere Feinde oder die Bewohner selbst für die Zerstörung verantwortlich sind, ist unklar. Etwa zeitgleich setzt der Niedergang der Zapoteken-Metropole Monte Albán ein. Im Hochland steigen kleinere Städte wie Xochicalco, Cholula und Cantona zu regionalen Machtzentren auf.

ab 750

Nahezu sämtliche Städte im südlichen Maya-Tiefland, darunter die bedeutendsten Zentren der klassischen Maya-Kultur, werden bis etwa 950 verlassen – wohl als Folge politischer und ökonomischer Krisen. Manche werden überhastet aufgegeben, aus anderen ziehen die Bewohner geordnet ab. Währenddessen wachsen im Norden Yucatáns Großsiedlungen wie Chichen Itza, sie nehmen vermutlich zahlreiche Flüchtlinge aus dem Süden auf.

DIE MAISPFLANZE genießt früh göttliche Verehrung, von der Ernte hängt das Wohl ganzer Zivilisationen ab. Dieses Bildnis des jugendlichen Maisgottes hat ein Maya-Künstler aus Ton gefertigt (7.–9. Jh.)

MIT KOLOSSALEN KÖPFEN wie diesem verewigen die Olmeken, deren Kultur zwischen 1200 und 400 v. Chr. in Teilen des heutigen Mexiko vorherrscht, vermutlich ihre Anführer

Daten und Fakten

um 900

Am Nordrand des Tals von Mexiko steigt Tula zur dominierenden Metropole der Region auf, ihre Bewohner werden später „Tolteken" („Menschen von Tollan", nach der aztekischen Bezeichnung der Stadt) benannt. Wohl in der zweiten Hälfte des 12. Jahrhunderts wird Tula zerstört, möglicherweise von Einwanderern aus dem Norden, die in dieser Zeit in das zentrale Hochtal vordringen und ihre Sprache, das Nahuatl, sowie weitere Gemeinsamkeiten hierherbringen. Die toltekische Kultur beeinflusst aber auch über den Niedergang hinaus andere Völker.

um 1100

Ein Fürst namens Acht Hirsch Jaguarkralle macht den Stadtstaat Tilantongo im heutigen Oaxaca zum wohl bedeutendsten Zentrum der Gegend, in der sich in den vorangegangenen Jahrhunderten die Kultur der Mixteken verbreitet hat. Deren ethnisch und sprachlich vermutlich heterogenen Angehörige übernehmen dabei Monte Albán und weitere vormalige Stätten der Zapoteken, die ihrerseits neue Zentren wie die Stadt Mitla hervorbringen. Die Mixteken sind hervorragende Kunsthandwerker und Meister der Goldschmiedekunst. Ihre eigenständige Bilderschrift ist in mehreren farbenprächtigen Kodexen überliefert.

um 1150

Chichen Itza im Norden von Yucatán, für einige Jahrhunderte lang das mächtigste Zentrum der Maya, verliert seine Bedeutung und den Großteil der Einwohner. Die Stadt weist in Bauten, Kunstwerken und Gebrauchsgegenständen klare Gemeinsamkeiten auf mit der Kultur der Tolteken im mehr als 1000 Kilometer entfernten Tula, das um die gleiche Zeit untergeht – eine allgemein anerkannte Erklärung für die Beziehung gibt es bislang nicht.

um 1250

Wie andere Gruppen zuvor, wandern Nahuatl sprechende Menschen in das zentrale Hochtal ein, die sich selbst „Mexica" nennen – auf sie geht

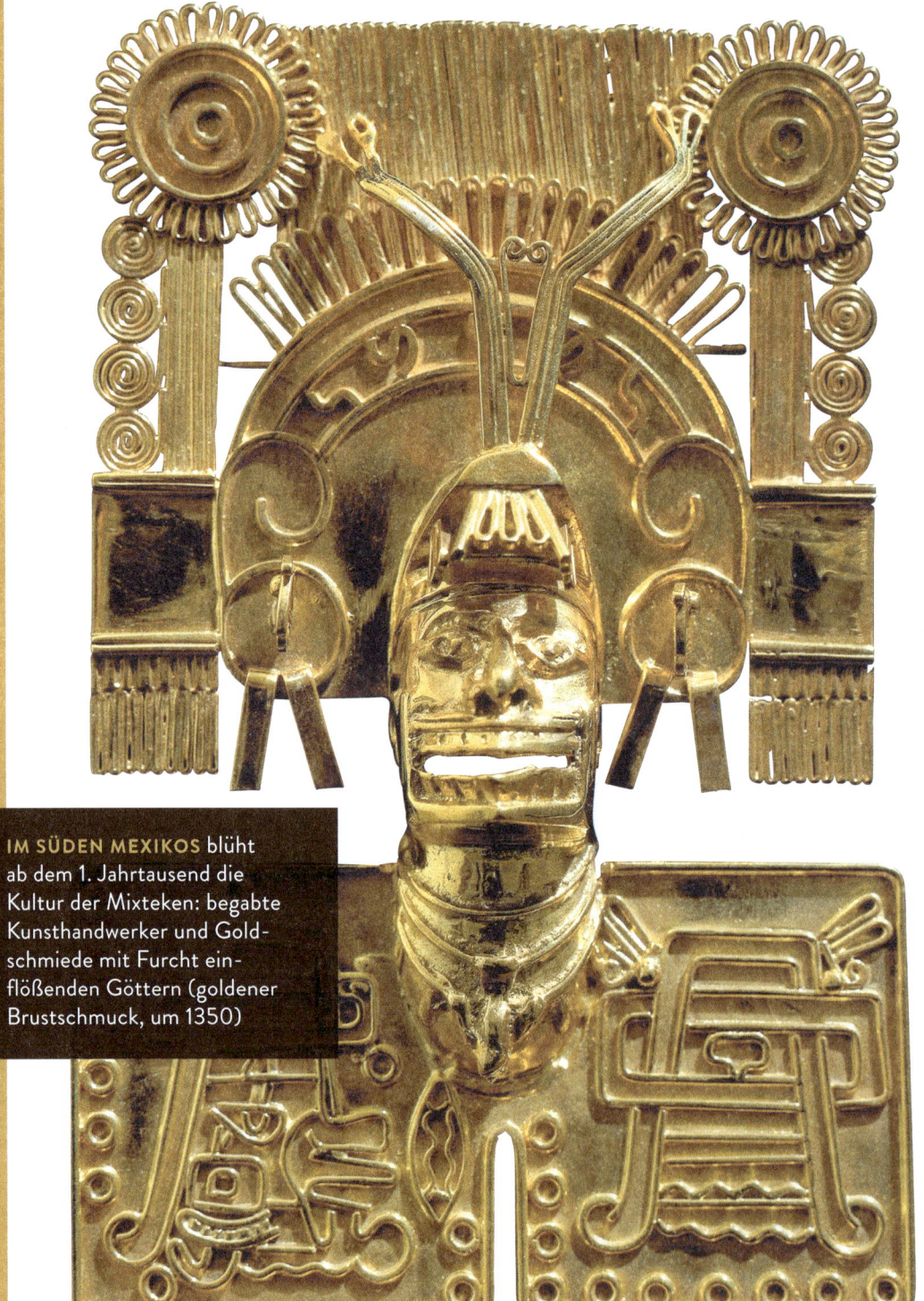

IM SÜDEN MEXIKOS blüht ab dem 1. Jahrtausend die Kultur der Mixteken: begabte Kunsthandwerker und Goldschmiede mit Furcht einflößenden Göttern (goldener Brustschmuck, um 1350)

der Name des modernen Staates Mexiko zurück. Später werden sie nach ihrem mythischen Herkunftsort, der Insel Aztlan, „Azteken" genannt. Sie müssen sich zunächst den bestehenden, meist ebenfalls Nahuatl-sprachigen Stadtstaaten unterordnen und sich etwa als Söldner für diese verdingen. Um 1325 gründen sie auf einer Insel im Tetzcoco-See eine dauerhafte Siedlung, Tenochtitlan.

1428

Itzcoatl, Herrscher der Azteken, die sich um Tenochtitlan ein kleines Reich geschaffen haben, aber weiterhin einem anderen König tributpflichtig sind, schließt sich mit den Oberhäuptern zweier anderer Stadtstaaten im Tal von Mexiko zu einem Dreibund zusammen, um gegen die bisherige Vormacht zu kämpfen. Nach dem gemeinsamen Sieg bleibt der Dreibund bestehen, wird aber zunehmend von Tenochtitlan dominiert. Itzcoatls Nachfolger Moctezuma I. treibt ab 1440 die militärische Expansion des Reiches voran, erobert auch weite Gebiete außerhalb des Hochtals, unter anderem an der Golfküste.

um 1450

Mayapan, nach dem Niedergang von Chichen Itza zur letzten großen Maya-Metropole aufgestiegen, geht seinerseits unter. Fortan existiert nur noch eine Reihe kleinerer Maya-Stadtstaaten in Nord-Yucatán.

1478

Der Aztekenherrscher Axayacatl unternimmt einen Kriegszug gegen das westlich des Tals von Mexiko gelegene Reich der Purépecha. Das Volk (so benannt nach ihren modernen Nachfahren) hatte zuvor im Bereich des heutigen Bundesstaates Michoacán etliche Nachbarn unterworfen und sich als zweite Großmacht im nördlichen Mesoamerika etabliert. Der Versuch des Aztekenkönigs, das Purépecha-Reich zu erobern, endet in einer klaren Niederlage. Anschließend befestigen beide Seiten die gemeinsame Grenze und verbleiben in Feindschaft. Gleichwohl können Axayacatl und seine Nachfolger das von Tenochtitlan dominierte Gebiet im Norden und Süden noch erheblich erweitern. Es umfasst schließlich die meisten Stadtstaaten der Mixteken und Zapoteken und reicht im Südosten bis an die Grenze des heutigen Guatemala.

1502

Bei seiner vierten Reise in die Neue Welt betritt der Seefahrer Christoph Kolumbus erstmals 1502 das amerikanische Festland (im heutigen Honduras). Das Gebiet des späteren Mexiko erreicht im Frühjahr 1517 eine erste spanische Expedition.

1519

10. Februar. Der Spanier Hernán Cortés bricht von Kuba aus mit vielleicht 500 Europäern und 16 Pferden Richtung Festland auf und landet schließlich an der Küste des heutigen mexikanischen Bundesstaates Tabasco. Dort brechen Kämpfe zwischen den Spaniern und ansässigen Maya aus, aus denen die Europäer nicht zuletzt dank ihrer in Mesoamerika unbekannten Artillerie und Reiterei als Sieger hervorgehen. Von den Unterlegenen erhält Cortés neben anderen Geschenken 20 versklavte Frauen, darunter eine namens Malinche. Die Tochter eines Adeligen beherrscht das im Aztekenreich verbreitete Nahuatl sowie verschiedene Dialekte der Maya-Sprache, nun lernt sie schnell das Spanische. Als Dolmetscherin wird Malinche für Cortés und seinen Eroberungszug unschätzbare Bedeutung erlangen.

August. Cortés zieht von Villa Rica de la Vera Cruz, der ersten spanischen Siedlung auf dem Festland und Vorläufer der heutigen Stadt Veracruz, gegen Tenochtitlan. Wie zuvor an der Golfküste trifft Cortés auf dem Weg einheimische Fürsten, die dem Aztekenkönig Moctezuma II. tributpflichtig sind. Viele von ihnen schließen sich den Spaniern als Verbündete an – teils mit Waffengewalt gezwungen, teils freiwillig, um die aztekische Oberherrschaft abzuschütteln. Starke Unterstützung erhält Cortés zumal im Gebiet von Tlaxcala, das vom feindlichen Aztekenreich umschlossen ist, aber

DIE ANKUNFT DER SPANIER VERÄNDERT ALLES

SCHWER BEHELMT dringen spanische Konquistadoren im 16. Jahrhundert in die Welt der mesoamerikanischen Hochkulturen ein – und erobern eine nach der anderen. 1521 fällt Tenochtitlan, die Hauptstadt der Azteken (Verzierung 19. Jh.)

MIT DEN SPANISCHEN Kolonialherren kommt auch die katholische Religion. Die Jungfrau von Guadalupe ziert um 1810 dieses Banner von Unabhängigkeitskämpfern um den mexikanischen Geistlichen Miguel Hidalgo

noch immer seine Unabhängigkeit verteidigt.

8. November. Cortés gelangt mit Zehntausenden von Tlaxcalteken und anderen einheimischen Kriegern sowie seinen mit Musketen bewaffneten spanischen Soldaten nach Tenochtitlan, wo ihn Moctezuma empfängt. Kurz darauf stellt Cortés den Aztekenherrscher unter Arrest, ohne ihn jedoch abzusetzen.

1520

April. Mit 1400 Kämpfern landet Pánfilo de Narváez in der Nähe von Villa Rica de la Vera Cruz. Im Auftrag des spanischen Gouverneurs von Kuba soll er Cortés festnehmen, da dieser ohne offizielle Erlaubnis handle. Cortés besiegt Narváez Ende Mai, verheerende Folgen hat dessen Expedition jedoch für die Bevölkerung, denn mit ihr erreichen die Pocken wohl erstmals das amerikanische Festland. Anders als die Europäer verfügen die Einheimischen über keine Abwehrkräfte gegen das Pockenvirus und fallen ihm in den folgenden Jahren massenhaft zum Opfer.

Juni. Nachdem der von Cortés in Tenochtitlan zurückgelassene spanische Kommandeur Hunderte Angehörige der Elite bei einer religiösen Feier niedermetzeln lässt, erheben sich die Azteken. Während der Kämpfe kommt Moctezuma II. ums Leben. In der Nacht zum 1. Juli fliehen die Spanier und ihre einheimischen Verbündeten aus der Stadt, werden aber von den Azteken entdeckt und angegriffen. Wohl Hunderte Europäer und Tausende Tlaxcalteken sterben in der *Noche Triste* („Traurige Nacht").

1521

Mai. Cortés, der sich zwischenzeitlich nach Tlaxcala zurückgezogen hatte, zieht mit massiven Verstärkungen gegen die Hauptstadt der durch die Pocken geschwächten Azteken. Nach monatelanger Belagerung erobern die Spanier und ihre Verbündeten Tenochtitlan am 13. August. Die Sieger verwüsten die Metropole, plündern und morden tagelang. Den Aztekenherrscher Cuauhtemoc hält Cortés über Jahre in seiner Gewalt, lässt ihn dann aber wegen einer angeblichen Verschwörung 1525 hinrichten.

1522

Die Spanier annektieren das Reich der Purépecha (dessen Herrscher sie jedoch erst um 1530 absetzen und töten), unternehmen zudem von Tenochtitlan aus Eroberungszüge in alle Richtungen. Am 15. Oktober ernennt der spanische König, als Karl V. auch Kaiser des Heiligen Römischen Reiches deutscher Nation, Cortés zum Gouverneur von Neuspanien, einem Königreich der kastilischen Krone, das die von den Spaniern eingenommenen Territorien in Nord- und Mittelamerika umfasst. Auf den Trümmern der systematisch zerstörten Aztekenmetropole errichten sie ihre Hauptstadt: Ciudad de México (Mexiko-Stadt). Ab 1535 regiert von dort ein Vizekönig Neuspanien.

1524

13. Mai. Die ersten Franziskanermönche landen an der mexikanischen Küste, um in Mesoamerika zu missionieren, später folgen Dominikaner, Augustiner und Jesuiten. Die Mönche gründen Schulen, lernen oft selbst Nahuatl und andere Sprachen der Einheimischen, um diesen das Christentum zu vermitteln. 1530 wird mit Juan de Zumárraga der erste Bischof von Mexiko eingesetzt, der zudem als Inquisitor für Neuspanien auch mit brutalen Methoden gegen die alten Kulte vorgeht.

1551

Karl V. erlässt die Gründung der Real y Pontificia Universidad de México. Zwei Jahre später wird der Lehrbetrieb aufgenommen – die „Königliche und Pontifikale Universität von Mexiko" ist damit die erste aktive Institution dieser Art auf dem amerikanischen Festland.

um 1600

Auf dem Gebiet des heutigen Mexiko, das die Spanier inzwischen in weiten Teilen unter ihre Kontrolle gebracht haben, lebt nur noch ein Bruchteil der Bevölkerung vor Eintreffen der Europäer (nach manchen Schätzungen circa eine Million gegenüber 20 Millionen vor 1519). Zahllose Menschen sind wohl als Folge von Krieg und Unterwerfung umgekommen. Vor allem aber haben eingeschleppte Krankheiten wie Pocken, Typhus und Masern ein Massensterben verursacht. Außerhalb der Städte leben die verbliebenen indigenen Einwohner auch nach der spanischen Eroberung weitgehend wie zuvor, sprechen ihre Sprachen, wohnen in Dörfern, pflanzen Mais und folgen ihren lokalen Anführern. Die Einheimischen müssen jedoch an die Kolonialherren Abgaben entrichten oder Arbeitsdienste für sie leisten. Vor allem höhergestellte Indigene eignen sich die Lebensweise der Spanier an.

1697

Spanische Truppen unterwerfen den letzten unabhängigen Maya-Stadtstaat, Tayasal im heutigen Guatemala. Dennoch bleibt gerade in den Maya-Gebieten die Herrschaft der Spanier oberflächlich.

1741

Spaniens König verleiht Guanajuato in Zentralmexiko den Titel einer „sehr edlen und sehr treuen Stadt". Die rund 200 Jahre zuvor gegründete Siedlung ist dank der reichen Silbervorkommen in der Region zu einer Metropole mit etwa 50 000 Einwohnern angewachsen. Nirgendwo auf der Erde wird zu dieser Zeit mehr Silber abgebaut als in Neuspanien.

1765

Im Auftrag der spanischen Krone reist General-Visitor José de Gálvez nach Neuspanien und stellt dort zahlreiche Missstände fest. Mit den Reformen, die er vor Ort einleitet und später als Kolonialminister fortführt, stärkt er die Kontrolle der Zentralmacht über die Steuererhebung und belebt durch die Lockerung von Handelsbeschränkungen den Export. Dank dieser Maßnahmen steigen die Einnahmen der Krone aus Neuspanien.

1767

Die Kolonialverwaltung vertreibt die Jesuiten. Der allein dem Papst loyale Orden ist für Spaniens König Karl III. zu einer Bedrohung seiner Autorität geworden, nun verbannt er ihn in seinem gesamten Reich und konfisziert seinen Besitz – so auch in Neuspanien. Vor allem als Betreiber von Schulen hatten die Jesuiten hier enormen Einfluss gewonnen. In zahlreichen Städten des Vizekönigreichs erheben sich Unterstützter gegen die Vertreibung, die Aufstände werden jedoch von Gálvez mit Militäreinsatz und harten Strafen unterdrückt.

1790

Vizekönig Juan Vicente de Güemes ordnet eine Volkszählung in Neuspanien an. Laut offiziellem Ergebnis leben in Mexiko-Stadt rund 113 000 Menschen, die tatsächliche Einwohnerzahl dürfte allerdings noch höher liegen. Damit ist die Kapitale die größte Metropole des amerikanischen Doppelkontinents.

1810

16. September. Mit dem *Grito de Dolores* („Schrei von Dolores", auch „Schrei der Schmerzen") ruft der Geistliche Miguel Hidalgo im zentralmexikanischen Ort Dolores zum Aufstand gegen die Kolonialherrschaft auf. Damit beginnt der Mexikanische Unabhängigkeitskrieg. In Spanien hatte Frankreichs Herrscher Napoleon Bonaparte 1808 den König zur Abdankung gezwungen und einen eigenen Bruder zum Monarchen erhoben, seither herrscht ein Guerillakrieg gegen das neue Regime. Diese Schwäche des Mutterlandes

IMMER NEUE MÄCHTE GREIFEN NACH DEM LAND

nutzen Bewohner der amerikanischen Kolonie nun zum Aufstand. Hidalgo schart eine Rebellenarmee um sich, der sich neben *criollos* („Kreolen"), wie in Neuspanien die hier geborenen Einwohner rein spanischer Abstammung genannt werden, auch viele Indigene anschließen, und nimmt mit ihr Guanajuato ein.

1811

17. Januar. Hidalgos Armee wird in der Schlacht an der Brücke von Calderón von spanischen Kolonialtruppen geschlagen. Der Rebellenführer kann fliehen, wird dann aber aufgegriffen und am 30. Juli hingerichtet. Gleichwohl verehren ihn die Mexikaner heute als „Vater der Nation", denn sein Tod beendet den Aufstand nicht, zahlreiche Armeen formieren sich und führen den Unabhängigkeitskampf fort, der sich nun jedoch vor allem zur Sache der wohlhabenden Criollos entwickelt.

1821

24. Februar. Oberst Agustín de Iturbide, ein konservativer Kreole, fordert im „Plan von

---

DER US-AMERIKANISCHE Adler sitzt auf einem Maiskolben, Schlangen umzüngeln einen Kaktus: Die Symbolik dieses Prunkschwerts ist eindeutig. Die Vereinigten Staaten haben Mexiko 1847 im Krieg besiegt (19. Jh.)

Daten und Fakten

ZWEI LÖWEN stehen sich mit erhobenen Vorderpfoten und offenem Maul gegenüber. Die Kunst des Perlenwebens hat Tradition in Mexiko, Motive wie dieses stammen indes oft aus Europa (Geldbörse, um 1800)

Iguala" die Gründung eines unabhängigen, Mexiko genannten Staates mit einem Monarchen an der Spitze. Iturbide hat zuvor aufseiten Spaniens gekämpft, doch als in Madrid liberale Kräfte die Macht ergriffen, lief er wie viele Konservative in Neuspanien zu den Aufständischen über. Unter Iturbides Führung können die Rebellen die Kolonialtruppen in die Defensive drängen.

24. August. Juan O'Donojú, Repräsentant des Königs in Neuspanien, schließt mit Iturbide den Vertrag von Córdoba, der die Unabhängigkeit eines Kaiserreichs Mexiko vorsieht. O'Donojú handelt allerdings ohne Mandat der spanischen Regierung, die den Vertrag verwirft. Erst 1836 erkennt das einstige Mutterland Mexikos Souveränität formal an.

1822

19. Mai. Nachdem kein Kandidat für die mexikanische Krone gefunden wurde, lässt sich Iturbide selbst als Augustin I. zum Kaiser von Mexiko ausrufen. Der Monarch steht vor beträchtlichen Herausforderungen: Die Kämpfe haben der Wirtschaft stark geschadet. Bereits im März 1823 tritt Iturbide unter dem Druck von Militärführern zurück und geht ins Exil (bei seiner Rückkehr im folgenden Jahr wird er umgehend verhaftet und wenige Tage später hingerichtet).

1823

1. Juli. Die zentralamerikanischen Provinzen erklären nach Iturbides Rücktritt ihre Unabhängigkeit von Mexiko. Die Gebiete, unter der Kolonialherrschaft in einem eigenen Generalkapitanat innerhalb Neuspaniens organisiert, hatten 1821 selbstständig ihre Unabhängigkeit von Spanien proklamiert, waren dann aber – gegen teils massiven Widerstand liberaler Kräfte – dem Kaiserreich Mexiko beigetreten. Nun gründen sie eine Föderation, aus der die heutigen Staaten Guatemala, Honduras, El Salvador, Nicaragua und Costa Rica hervorgehen werden. Nur das zuvor zur Provinz Guatemala gehörende Territorium des späteren Bundesstaates Chiapas verbleibt bei Mexiko. Bis auf eine noch länger mit Guatemala umstrittene kleine Region erhält die Südgrenze Mexikos damit ihren bis heute bestehenden Verlauf.

1824

4. Oktober. Der mexikanische Kongress beschließt eine Verfassung, die Mexiko zur föderal gegliederten Republik erklärt, bestehend aus 19 Bundesstaaten sowie vier Territorien und dem Hauptstadtdistrikt.

1835

Eine konservativ ausgerichtete, streng zentralistische Konstitution tritt an die Stelle der Verfassung von 1824. Drahtzieher ist Antonio López de Santa Anna: Bereits an Iturbides Sturz beteiligt, erlangt der Offizier 1829 große Popularität durch seinen Sieg im Kampf gegen spanische Truppen, mit denen das einstige Mutterland ein letztes Mal die Rückeroberung Mexikos versucht. 1833 zum Präsidenten gewählt, überlässt er mehrfach anderen die Regierungsverantwortung, behält im Hintergrund aber die Macht und schwenkt von anfänglich liberalen Zielen um auf einen konservativen Kurs. In den folgenden Jahrzehnten wird Santa Anna noch diverse Male als Präsident amtieren.

1836

6. März. Im Süden des zu Mexiko gehörenden Gebiets Texas überrennen mexikanische Truppen unter Santa Anna das von texanischen Aufständischen gehaltene Fort Alamo, eine ehemalige Missionsstation. Santa Annas Soldaten töten sämtliche Verteidiger. Nach der Unabhängigkeit von Spanien waren viele englischsprachige Siedler aus den USA in die

GROSS IST DAS VERLANGEN NACH UNABHÄNGIGKEIT

Region gekommen. In Reaktion auf die zentralistischen Bestrebungen der mexikanischen Regierung begann im Herbst 1835 der Aufstand, mit dem die angloamerikanischen Texaner, unterstützt von Freiwilligen aus den USA, die Loslösung von Mexiko anstrebten. Wenige Tage nach Ausrufung einer unabhängigen Republik am 2. März 1836 stachelt das Massaker von Alamo den Widerstand der Rebellen zusätzlich an. In der Schlacht von San Jacinto am 21. April können sie Santa Anna besiegen und gefangen nehmen. Sie zwingen den General, sich in einem Vertrag dazu zu verpflichten, die mexikanischen Truppen auf das Südufer des Rio Grande zurückzuziehen.

1846

13. Mai. Die USA, die Ende des Vorjahres Texas als 28. Staat aufgenommen haben, erklären Mexiko den Krieg. Ein im April provozierter Grenzkonflikt dient der US-Führung dabei als Vorwand, um das Expansionsstreben auf Kosten des südlichen Nachbarn fortzusetzen. Im September 1847 gewinnen die US-Truppen mit der Eroberung der Festung Chapultepec die entscheidende Schlacht und nehmen kurz darauf Mexiko-Stadt ein.

1847

30. Juli. Maya-Bauern unter ihrem Anführer Cecilio Chi überfallen den Ort Tepich und töten fast sämtliche nichtindigenen Einwohner. Mit dem Angriff beginnt der „Kastenkrieg": ein über Jahrzehnte mal mehr, mal weniger heftig geführter Unabhängigkeitskampf der indigenen Bevölkerung in Yucatán. Den Aufständischen gelingt es zeitweise, einen großen Teil der Halbinsel zu kontrollieren. Der Krieg endet erst 1901 mit der Einnahme der Maya-Hauptstadt durch Regierungstruppen.

1848

2. Februar. Mit der Unterzeichnung des Vertrags von Guadalupe Hidalgo endet der Mexikanisch-Amerikanische Krieg. In dem Abkommen, das den Rio Grande als Grenze festlegt,

DIESE GITARRE vereint die spanische Form des Instruments mit dem Panzer eines Gürteltieres, wie er als Klangkörper etwa auf Yucatán verwendet wird (Ende 19. Jh.)

verzichtet Mexiko nicht nur endgültig auf Texas sowie zuvor umstrittene Gebiete, sondern tritt den USA auch die gewaltigen Territorien Alta California und Santa Fe de Nuevo México ab (heute die US-Bundesstaaten Kalifornien, Nevada und Utah sowie Teile von Arizona, New Mexico, Colorado und Wyoming). Die USA entschädigen Mexiko dafür mit einer Zahlung von 15 Millionen US-Dollar und einer Schuldenübernahme – doch der mexikanische Staat verliert mehr als die Hälfte seiner Fläche von 1836. Der Schock dieses Verlusts verstärkt die explosive Stimmung im Land, Militärrebellionen und weitere Aufstände von Indigenen brechen aus.

1853

Santa Anna übernimmt auf Bitten rebellierender konservativer Politiker noch einmal die Präsidentschaft, herrscht in der Folge zunehmend diktatorisch. Unter anderem um seine luxuriöse Lebenshaltung zu finanzieren, schließt er mit den USA einen Vertrag über den Verkauf eines weiteren Gebietes an die Vereinigten Staaten („Gadsden Purchase"). 1855 wird Santa Anna durch einen Aufstand um den liberalen General Juan Álvarez endgültig gestürzt.

1857

17. Dezember. Konservative Politiker fordern den Präsidenten Ignacio Comonfort auf, eine im Februar verabschiedete Verfassung zu revidieren. Diese ist der Höhepunkt des 1855 begonnen Reformwerks liberaler Kräfte und beschnei-

det unter anderem den Einfluss der Kirche und verleiht jedem Mann ab 21 Jahren das Wahlrecht. Als sich Comonfort mit den Gegnern der Konstitution verbündet und deren Truppen Mexiko-Stadt besetzen, beginnt der „Reformkrieg", in dem Konservative und Liberale zeitweise jeweils einen Teil des Landes kontrollieren. Gegen Ende 1860 setzen sich aber die von Benito Juárez angeführten Liberalen durch. Der Zapoteke Juárez, zuvor Präsident des Obersten Gerichtshofes und als solcher nach Comonforts Rücktritt Anfang 1858 dessen verfassungsgemäßer Nachfolger, wird im März 1861 per Wahl als Staatspräsident der gesamten Republik bestätigt.

1864

10. April. Erzherzog Ferdinand Maximilian, ein Bruder des österreichischen Herrschers Franz Joseph, wird auf Schloss Miramar bei Triest als Maximilian I. zum Kaiser von Mexiko ausgerufen. Die Erhebung ist Teil eines Plans des französischen Kaisers Napoleon III., der mit Maximilian als Marionettenherrscher Frankreichs Einfluss in Amerika stärken will. Im Vorjahr hatten seine Invasionstruppen Mexiko-Stadt eingenommen. Während Präsident Juárez aus der Kapitale flüchten musste, bereitete eine konservative Übergangsregierung die Einführung der Monarchie vor, die schließlich mit dem Eintreffen des neuen Kaisers Ende Mai 1864 Gestalt annimmt. Doch als die Franzosen auf Drängen der USA aus Mexiko abziehen, gewinnen Juárez' Anhänger schnell die Oberhand. Maximilian wird im Frühjahr 1847 gefangen

VIER KREISE symbolisieren die Himmelsrichtungen – und stellen die Trägerin dieses Maya-Gewandes in die Mitte des Kosmos (20. Jh.)

genommen, zum Tode verurteilt und am 19. Juni hingerichtet.

1876

Mit dem Putsch des Generals Porfirio Díaz beginnt der mehr als 30 Jahre währende „Porfiriato". Díaz, der mit Unterbrechung in den Jahren 1880–1884 das Präsidentenamt bis 1911 innehat, errichtet ab 1884 eine Diktatur, gestützt vor allem auf Kirche, Militär und von ihm eingesetzte lokale Anführer. Der Porfiriato ist geprägt von Bevölkerungswachstum und wirtschaftlichem Aufschwung, Letzterer ermöglicht durch massive Investitionen aus dem Ausland. Der steigende Wohlstand kommt jedoch in erster Linie den oberen Gesellschaftsschichten zugute. Ab 1901 wird in Mexiko Öl gefördert, in der Folgezeit steigt das Land zu einem führenden Erdölproduzenten auf.

1910

Mexikanische Revolution: Nach einem Aufruf des Oppositionellen Francisco Madero erheben sich viele Mexikaner gegen das Díaz-Regime. Die Auswirkungen einer Wirtschaftskrise haben die ohnehin verbreitete Unzufriedenheit mit der Politik des Diktators verstärkt. Nun stellt sich eine breite gesellschaftliche Front gegen Díaz. Im Norden schließt der Outlaw Francisco „Pancho" Villa sich Madero an und steigt zu einem bedeutenden Rebellenkommandeur auf. Im Süden führt der Bauer Emiliano Zapata die Revolution an.

1911

Mai. Porfirio Díaz dankt ab, zu seinem Nachfolger wird Madero gewählt. Doch der neue Machthaber entfremdet sich durch seine Politik schnell den moderaten wie den radikalen Revolutionären. So sieht etwa Zapata die Forderung der Bauern nach einer Landumverteilung von der neuen Führung nicht erfüllt und ruft 1912 erneut zum Aufstand auf. Zugleich versuchen konservativ gesinnte Militärs, Madero zu stürzen – zunächst erfolglos.

1913

19. Februar. General Victoriano Huerta reißt mit Unterstützung der von ihm kommandierten Bundesarmee und weiterer konservativer Militärs die Präsidentschaft an sich und errichtet ein diktatorisches Regime. Den rechtmäßigen Präsidenten Madero lässt er festnehmen und wenige Tage später erschießen. Mit Huertas Putsch beginnt die zweite Phase der Revolution, in der sich die revolutionären Kräfte, darunter Villa und Zapata, vereint gegen Huerta stellen und sich mit den Truppen der Bundesarmee erbitterte Kämpfe liefern.

1914

Juli. Huertas Gegnern gelingt es, den Diktator militärisch zu besiegen und ins Exil zu treiben. Mit Venustiano Carranza übernimmt nun ein vormaliger Gefolgsmann Maderos die Regierungsgeschäfte, der sich jedoch schon bald mit den anderen Führern zerstreitet. In ihrer dritten und längsten Phase mutiert die Revolution nun zu einem blutigen Bürgerkrieg, in dem sich vor allem Villa und Carranzas bevorzugter General, Álvaro Obregón, in zahlreichen Schlachten duellieren. Dank Obregóns überlegener Kriegsführung können die Regierungstruppen den Bürgerkrieg schließlich für sich entscheiden.

1917

Eine neue Verfassung tritt in Kraft. Ausgearbeitet hatte das Gesetzeswerk ein von Carranza einberufener Konvent. Es beruht weitgehend auf der Konstitution von 1857, legt jedoch erstmals umfassende Rechte für Arbeiter fest, darunter das Organisations- und Streikrecht. Zudem erklärt es sämtliche Bodenschätze zu Staatseigentum und schafft die rechtliche Grundlage für Landumverteilungen. Die Verfassung gilt bis heute, wurde allerdings in wichtigen Punkten einschneidend verändert.

1920

General Álvaro Obregón gewinnt die Präsidentschaftswahlen und tritt am 1. Dezember das Amt an. Zuvor hatte er sich im Kampf gegen seinen früheren Mentor Carranza die Unterstützung von Teilen der regulären Armee gesichert und war in Mexiko-Stadt einmarschiert. Mit Obregóns Machtübernahme endet de facto die Revolution. Mindestens eine Million Mexikaner sind darin umgekommen.

1929

Auf Initiative von Plutarco Elías Calles, bis zum Vorjahr selbst Präsident, gründen mehrere Führer der (offiziell niemals für beendet erklärten) Revolution den „Partido Nacional Revolucionario" (PNR), ab 1946 „Partido Revolucionario Institucional" (PRI). Die De-facto-Staatspartei dominiert in den folgenden Jahrzehnten die mexikanische Politik. Calles bleibt zunächst der eigentliche Machthaber. Ab Lázaro Cárdenas, der 1934 Präsident wird, können sich alle Staatsoberhäupter die verfassungsmäßig vorgesehenen sechs Jahre im Amt halten.

1942

22. Mai. Mexiko tritt aufseiten der Alliierten in den Zweiten Weltkrieg ein. Zuvor hatten deutsche U-Boote mexikanische Schiffe angegriffen. Der Handel mit den USA steigt in diesen Jahren massiv, da aus Europa kaum Waren nach Amerika gelangen. Die Einnahmen schaffen die Grundlage für ein „Wirtschaftswunder", das bis in die 1970er Jahre anhalten wird.

1944

29. März. Am Bahnhof Buenavista in Mexiko-Stadt empfangen Tausende Menschen den mexikanischen Diplomaten Gilberto Bosques. Während seiner Tätigkeit als Generalkonsul in Marseille hatte er bis zu seiner Verhaftung durch die Gestapo im Frühjahr 1942 mehr als 40 000 vom spanischen Franco-Regime oder den deutschen Nationalsozialisten Verfolgten zur Flucht nach Mexiko verholfen, darunter der Schriftstellerin Anna Seghers und dem kommunistischen Politiker Paul Merker.

DER KAMPF UM GERECHTIGKEIT DAUERT AN

1954

In Mexiko-Stadt stirbt die Malerin Frida Kahlo. Vor allem als Schöpferin farbkräftiger, surreal anmutender Selbstporträts berühmt, gilt sie international als bekannteste Künstlerin ihres Landes. Drei Jahre später stirbt auch Kahlos Ehemann Diego Rivera, in Mexiko gefeiert für großflächige Wandmalereien, die verschiedene öffentliche Gebäude zieren.

1968

2. Oktober. In Tlatelolco, einem Stadtteil der Kapitale, eröffnen Sicherheitskräfte das Feuer auf Studenten, die gegen die autoritäre Regierung des Präsidenten Gustavo Díaz Ordaz (PRI) demonstrieren. Wie viele Menschen bei dem Massaker sterben, wird nie geklärt, Schätzungen gehen von mehreren Hundert aus. In den vergangenen Monaten waren Zehntausende Mexikaner für mehr Demokratie und Meinungsfreiheit auf die Straße gegangen. Díaz Ordaz sieht die Proteste auch als Gefahr für die Reputation Mexikos, das im Oktober als erstes lateinamerikanisches Land die Olympischen Spiele ausrichten wird, und lässt hart gegen sie vorgehen. Das Massaker von Tlatelolco diskreditiert die PRI-Herrschaft nachhaltig.

1985

5. März. Die Leiche von Enrique Camarena, einem Agenten der US-amerikanischen Drogenbehörde DEA, wird in Mexiko gefunden. Camarena hatte dort im Auftrag der DEA ermittelt und war knapp einen Monat zuvor auf Befehl mexikanischer Drogenbosse entführt worden. Neben dem Handel mit im Lande hergestelltem Marihuana und Heroin übernehmen kriminelle mexikanische Organisationen, deren Angehörige „Narcos" genannt werden, ab den frühen 1980er Jahren zunehmend den Schmuggel von Kokain aus Südamerika in die USA. Die Banden setzen ihre Interessen mit äußerster Brutalität durch, bestechen, bedrohen oder töten Staatsbeamte.

1994

1. Januar. Das „Nordamerikanische Freihandelsabkommen" (engl. NAFTA, span. TLCAN) tritt in Kraft. Die Unterzeichnerstaaten Mexiko, USA und

DAS MEXIKANISCHE Wappen prangt auf diesem Sombrero des »Ejército Federal«, der Armee jenes diktatorischen Regimes, gegen das sich 1910 landesweit Revolutionäre wie etwa Pancho Villa erheben

Kanada einigen sich darin, durch den Abbau von Zöllen und Abgaben eine nordamerikanische Freihandelszone zu schaffen. Auch dank des Abkommens steigen Mexikos Exporteinnahmen von rund 60 Milliarden Dollar im Jahr 1994 auf fast 400 Milliarden 2013. Zugleich steigen die Importe. So überschwemmen die USA das Land bald mit staatlich subventioniertem Mais, die Konkurrenz aus dem Ausland treibt zahlreiche einheimische Bauern in den Ruin.

Befürchtungen vor ebensolchen Auswirkungen des Abkommens treiben den „Ejército Zapatista de Liberación Nacional" (EZLN) bereits am Tag des Inkrafttretens dazu, mehrere Ortschaften im mexikanischen Bundesstaat Chiapas zu besetzen. Die Zapatisten sehen zudem durch die zuvor von der Regierung beschlossene Privatisierung kommunalen Lands die Lebensgrundlage von Kleinbauern – und damit vor allem der indigenen Bevölkerung – gefährdet. Staatstruppen können die Rebellen zurückdrängen. Anhänger des EZLN werden jedoch noch weitere Aufstände in verschiedenen Bundesstaaten durchführen, mehrere Gemeinden erklären sich unabhängig.

2000

Mit dem Wahlsieg des Kandidaten des oppositionellen „Partido Acción Nacional" (PAN) endet nach mehr als 70 Jahren die Vorherrschaft des PRI in Mexiko. In den folgenden Jahren können sich auch auf lokaler Ebene zunehmend Kandidaten anderer Parteien durchsetzen, die Presse kann freier berichten.

2010

20. Mai. Der mexikanische Präsident Felipe Calderón (PAN) kritisiert in einer Rede vor dem US-Kongress ungewöhnlich scharf die lockere Waffengesetzgebung und den hohen Drogenkonsum in den Vereinigten Staaten. Beides sei für die massive Drogenkriminalität in Mexiko verantwortlich. Zudem klagt Calderón über die harte Migrationsgesetzgebung im an Mexiko angrenzenden US-Bundesstaat Arizona. Jährlich gelangen Hunderttausende Menschen illegal über die mexikanische Grenze in die USA, darunter viele Staatsangehörige anderer lateinamerikanischer Länder. Mexikaner fliehen in großer Zahl unter anderem vor der Gewalt der Drogenkartelle in das nördliche Nachbarland. Die Drogen- und Migrationsproblematik belastet bis heute das Verhältnis zwischen Mexiko und den USA.

2018

Bei den Präsidentschaftswahlen erhält Andrés Manuel López Obrador von der erst vier Jahre zuvor gegründeten Partei „Morena", die ein Bündnis mit zwei weiteren Parteien eingegangen war, einen Stimmenanteil von mehr als 50 Prozent. Damit gelingt ihm ein überragender Sieg gegen seine Herausforderer der etablierten Parteien PRI und PAN. López Obrador hatte im Wahlkampf versprochen, gegen die weiter grassierende Korruption vorzugehen und für mehr soziale Gerechtigkeit zu sorgen. Sein autoritärer Führungsstil als Präsident lässt manche Beobachter jedoch bald um die mexikanische Demokratie fürchten.

Die bekannten Probleme plagen Mexiko auch weiterhin. Die Macht der Drogenkartelle, die sich nicht zuletzt auf korrupte Staatsvertreter stützt, hat mancherorts den Rechtsstaat ausgehebelt. Die Kartelle kämpfen untereinander und gegen staatliche Sicherheitskräfte in einem kriegsähnlichen Konflikt, in dem Jahr um Jahr Tausende Menschen sterben. Die indigene Bevölkerung muss indes noch immer für tatsächliche Gleichberechtigung kämpfen. Schätzungsweise drei Viertel der Indigenen leben in Armut. Doch auch in der Gesamtbevölkerung ist der nach offizieller Definition als arm geltende Anteil, obgleich zuletzt gesunken, weiterhin hoch, lag 2022 bei 36,3 Prozent. Zugleich ist Mexiko die zweitgrößte Volkswirtschaft Lateinamerikas (nach Brasilien). Das Land, Mitglied der G20, ist zu einem bedeutenden Industriestandort aufgestiegen. Die Nähe zu den USA mit ihrem profitablen Markt, der dank Handelsabkommen von Mexiko aus leicht zugänglich ist, die relativ geringen Löhne und die qualifizierten Arbeitskräfte ziehen zahlreiche Unternehmen hierher, vor allem aus der Automobilbranche. Was Mexikos Zukunft mehr prägen wird, Drogenkriminalität, soziales Ungleichgewicht oder wirtschaftlicher Aufschwung, bleibt ungewiss. ◊

SPIELZEUGHÄNDLER aus dem Jenseits: Um den 1. November begeht Mexiko den »Tag der Toten«. Man erinnert sich an die Verstorbenen und feiert mit ihnen trotz aller Widrigkeiten das Leben

Lesezeichen zum Herausnehmen

FRANCISCO »PANCHO« VILLA (in heller Hose) posiert 1911 mit Getreuen. Der Bandit und Freiheitskämpfer gehört zu den wichtigsten Protagonisten der Mexikanischen Revolution, die dem Land das Ende einer diktatorischen Herrschaft und eine neue Verfassung bringt – aber auch Hunderttausenden den Tod, darunter Villa selbst (kolorierte Fotografie)

1912
Revolution

FREIHEITS

DAS BLUT

Um 1900 befindet sich Mexiko fest im Griff einer Diktatur. Obwohl wirtschaftlich lange erfolgreich, hält sie die Massen in Armut und Unfreiheit. Doch 1910 begehren die Unzufriedenen auf. Es ist der Beginn eines epischen Ringens: Eine ganze Dekade wütet die Mexikanische Revolution, ein leidenschaftlicher Kampf charismatischer Anführer um eine bessere Welt – aber zugleich auch ein hin- und herwogender Gewaltexzess, der das Land zersetzt, ehe er es schließlich in die Moderne entlässt

DER KÄMPFER

ENDE 1914 posieren die beiden Revolutionsführer Pancho Villa (auf dem Thron in der Mitte) und Emiliano Zapata (rechts daneben) im eroberten Nationalpalast in Mexiko-Stadt. Doch ihr Triumph währt nur kurz, denn wenig später entbrennen abermals Gefechte um den weiteren Kurs des Umsturzes

TEXT: *Mathias Mesenhöller*

ENDLICH BEGINNEN die Musikanten auf der Straße wieder zu spielen. Laut, beschwingt dringen ihre Melodien bis in die Zellen des Militärgefängnisses von Santiago Tlatelolco in Mexiko-Stadt. Es ist Dezember 1912, und in einer dieser Zellen sitzt Pancho Villa: Bandit, Revolutionär, ein Volksheld. Geht es nach den Machthabern, wird er den Kerker nicht lebend verlassen. Villa hat auf die Musik gewartet. Nicht, um sich zu trösten. Sondern weil sie andere Geräusche übertönt. Namentlich das Kratzen und Schleifen der Metallsäge, mit der er nach und nach die Gitterstäbe vor dem Fenster seiner Zelle auffeilt. Er hat nicht vor, sich einfach erschießen zu lassen.

Vermutlich dauert die Arbeit Tage. Dann, an Weihnachten, hat Villa es geschafft. Er kann das Gitter aufdrücken, klettert hinaus. In einem Winkel des Innenhofs unter dem Fenster wartet wie verabredet ein mitverschworener Anwaltsgehilfe, der zuvor bereits die Säge eingeschmuggelt hat, nun einen zusätzlichen Anzug, Hut, Sonnenbrille bei sich trägt. Rasches Überstreifen. Dann schlendern beide Männer, augenscheinlich Juristen im Fachgespräch, über den Gefängnishof, auf die Wache zu. An ihr vorbei. Zum Haupttor – hinaus.

Pancho Villa flieht nicht zum ersten Mal, er beherrscht das: auf ein Pferd springen, gedeckt von Getreuen lospreschen, Schusswechsel, in der Wildnis verschwinden. Mithilfe geheimer Botschaften hat er bewaffnete Reiter in die Stadt bestellt.

Indes, der Helfer will es diesmal anders. Geschmeidiger, urbaner. Er setzt sich mit dem Ausbrecher in ein wartendes Auto, das sie still aus der Stadt bringt,

DER VERWALTER eines großen Gutshofs macht die Abrechnung, während sich Feldarbeiter an der Balustrade drängen. Die Ungleichheit in Mexiko vor der Revolution ist massiv. Die meisten Menschen leben in tiefer Armut, ohne jede Chance auf Bildung oder Aufstieg

PORFIRIO DÍAZ (im Wagen, links), ein General, steht seit 1876 an der Spitze des Landes, das er zunehmend autokratisch regiert. Die Opposition wird unterdrückt, korrupte Gefolgsleute kontrollieren die Verwaltung und bereichern sich schamlos

zu einer Bahnstation im Westen. Von dort nehmen sie einen Zug Richtung Pazifik, besteigen im Hafen von Manzanillo ein Passagierschiff nach dem nordmexikanischen Mazatlán.

Inzwischen wird der Flüchtling im ganzen Land gesucht. Als unter den Mitreisenden ein alter Kamerad auftaucht, verbirgt er sich für den Rest der Fahrt in seiner Kabine. Bis kurz vor der Ankunft Beamte der Hafenbörde an Bord kommen, routinemäßig jeden Winkel gründlich filzen.

Da gleitet Pancho Villa bereits in einem Beiboot auf die Küste zu. Für Bestechungsgeld erkauft von einem der Schiffsoffiziere. Er quert unentdeckt die Grenze zu den USA und erreicht Anfang 1913 El Paso, New Mexico.

Der Mann, der so ins Exil entkommen ist, wird noch zu Lebzeiten ein Mythos, umgibt sich mit Legenden – auch über seine Flucht gibt es bald unterschiedliche, im Nachhinein schwer zu überprüfende Erzählungen. Denn Pancho Villa steigt auf zu einem der bedeutendsten Führer der Mexikanischen Revolution: jener Abfolge von Aufständen und Bürgerkriegen, die 1910 ausgebrochen ist, sich über fast eine Dekade hinzieht und erst nach 1920 eine neue, stabile Ordnung hervorbringen wird. Für viele Mexikaner eine bessere, gerechtere und freiere Ordnung.

Der Preis aber ist hoch. In Gefechten und Massakern, durch Hunger und Seuchen kommen mindestens eine Million Menschen ums Leben. Die Wirren der

MIT HILFE ausländischer Investoren entstehen Bahnstrecken, Telegrafennetze, Häfen – Modernisierungen, von denen ein Großteil der Bevölkerung jedoch kaum profitiert. Und als Anfang des 20. Jahrhunderts die Wirtschaft in eine Krise gerät, wächst die Wut im Land

Revolution sind zugleich die Geburtsstunde des modernen Mexiko und das blutigste Ereignis in der jüngeren Geschichte des Landes.

Zu ihren Opfern zählt schließlich auch Pancho Villa – und gilt seither den einen als Märtyrer, den anderen als blutrünstiger Gangster. Ein vermeintlich typischer *caudillo*: ein Boss, listig und gewalttätig, spontan und großzügig, volksverbunden und machtbewusst, skrupellos. Eine schillernde Figur in einem brutalen, unübersichtlichen Kampf um Mexikos Zukunft.

Pancho Villa wird am 5. Juni 1878 in San Juan del Rio geboren, Nordwestmexiko. Sein Taufname ist José Doroteo Arango Arámbula – Pancho Villa ein späterer Deckname. Die Familie ist arm. Sie zählt zu den Verlierern einer Welt im Umbruch.

SEIT IN DEN 1860ER JAHREN die letzten europäischen Truppen abgezogen sind, der Kaiser Maximilian abgesetzt und die Republik erneuert wurde (siehe Seite 72), kommt Mexiko nur mühsam zur Ruhe. 1876 erkennt der Verlierer einer manipulierten Wahl das Ergebnis nicht an und reißt mit Hilfe des Militärs die Präsidentschaft an sich: Porfirio Díaz, 46 Jahre alt, General und Veteran der vorangegangenen Kriege und Bürgerkriege.

Anschließend stellt Díaz die demokratische Verfassung wieder her – nach außen hin. Hinter der Fassade regelmäßiger, aber gelenkter Wahlen errichtet der Präsident Zug um Zug eine Diktatur. Er besetzt politische und Verwaltungsämter bis in die Provinzen mit Gefolgsleuten, die dort seine Macht festigen; im Gegenzug dürfen sie ungestraft Bestechungsgeld kassieren, mafiaähnliche Geschäfte machen. Ähnlich erlaubt Díaz den Besitzenden, sich an Land, Bodenschätzen, Unternehmungen aller Art zu bereichern, solange sie loyal bleiben.

Offene Opposition hingegen unterdrückt das Regime. Es rekrutiert etliche der Banditen, die Mexikos Provinzen durchstreifen, in die Landgendarmerie und setzt sie auf ihre früheren Genossen an, um ohne Rücksicht auf Recht und Gesetz, mit Folter und Mord eine gewisse Ordnung herzustellen.

Die erzwungene Ruhe lockt europäische und US-amerikanische Investoren. Ein Eisenbahnnetz entsteht, schafft einen nationalen Markt und bindet Mexikos Erzminen, Latifundien, erste Industrien in den Weltmarkt ein. Neue Straßen, Telegrafenlinien, Stromleitungen, Häfen erschließen das Land. Um 1900 steht der „Porfiriato", die Herrschaft des „Don" Porfirio Díaz, als eine erfolgreiche Entwicklungsdiktatur da: Die Wirtschaft wächst, der Staat ist solide finanziert.

Zugleich indes tun sich Risse auf. Auf dem Land kontrollieren nun rund zwei Prozent der Bevölkerung 98 Prozent des Bodens. Gibt es immer weniger freie Bauern, immer mehr abhängige Landarbeiter mit miserablem Auskommen.

Ähnlich das Los der Minenarbeiter. Die Lebensverhältnisse in den rasant wachsenden Bergbausiedlungen sind derart erbärmlich, dass die Universität von Texas Medizinstudenten nach Mexiko entsendet – nicht aus Menschenfreundlichkeit, sondern damit der Nachwuchs in kürzester Zeit alle wesentlichen

NACHDEM DÍAZ 1910 freie Wahlen angekündigt hat, den Gegenkandidaten jedoch inhaftieren lässt, wallen Unruhen auf. Besonders im Norden können Aufständische bald größere Gebiete kontrollieren – unter ihnen der Desperado Pancho Villa (rechts), der eine Bande von mehreren Hundert Kämpfern anführt

DIE MÄNNER VON VILLA SIND ANFANGS NUR BANDITEN

Krankheiten mindestens einmal sieht. Einen Sozialstaat gibt es nicht, Streiks werden unterbunden, das Schulwesen ist Stückwerk und eröffnet den Kindern armer Leute kaum Aufstiegschancen; vier von fünf Mexikanern können nicht lesen und schreiben. Haben sie einen indigenen Hintergrund, verachtet die weiße Oberschicht sie ohnehin als dumm, faul und versoffen, unrettbar.

Ein von Geburt her Chancenloser ist auch Doroteo Arango, der spätere Pancho Villa. Die Familie bewirtschaftet einen kleinen Pachthof auf einer Hacienda im Bundesstaat Durango; dafür schuldet sie dem Eigentümer Arbeit auf dessen Feldern. Über alles weitere gibt es zahlreiche, oft widersprüchliche Legenden. Seiner eigenen Erzählung zufolge kehrt der 16-Jährige eines Tages von der Fron zurück und sieht, wie der Verwalter der Ländereien seine jüngere Schwester bedrängt. Wutentbrannt greift Doroteo Arango zum Gewehr und schießt den Mann an. Daraufhin muss er fliehen, rettet sich in die nahen Berge.

Mindestens zweimal wird der Flüchtige aufgegriffen, kann entkommen. Er schließt sich Banditen an, die von Raubüberfällen leben, arbeitet in den Minen, stiehlt Vieh, verdingt sich als Geldkurier für US-Unternehmer, gewöhnt sich ans Wanderleben vor allem im nördlichen Bundesstaat Chihuahua, ans Töten. Gibt sich den neuen Namen, Francisco – oder, in der umgangssprachlichen Kurzform: Pancho – Villa, wohl nach einem unehelichen Großvater, vielleicht auch nach einem legendären Räuber.

Politik interessiert ihn zu dieser Zeit vermutlich wenig. Seine Sache ist überleben.

Nach 1906 gerät das scheinbar so erfolgreiche Regime in eine Krise. Eine internationale Rezession

AUF BEIDEN SEITEN ist die Gewaltbereitschaft groß – und nimmt im Laufe der Revolution beständig zu: Zur Abschreckung etwa lässt Villa gegnerische Offiziere hinrichten. Das Regime seinerseits ordnet Massenerschießungen an

und schlechte Ernten drücken die Wirtschaft, lassen die Lebensmittelpreise steigen, die Zahl der Arbeitslosen. Es kommt zu Protesten, Streiks. Sie werden blutig unterdrückt.

Dann aber macht der fast 80-jährige Porfirio Díaz einen Fehler. In einem Interview erklärt er, bei künftigen Wahlen nicht mehr antreten zu wollen: Mexiko sei bereit für volle Demokratie. Vielleicht eine unausgereifte Überlegung, eine leere Geste, eine altersmüde Unbedachtheit.

Ernst meint Díaz es nicht. Doch seine Gegner wittern Schwäche. Für die Wahlen 1910 vereinigen

sich viele, die nach mehr als einem Dritteljahrhundert Díaz und seine Vetternwirtschaft satthaben, Freiheit ersehen, hinter einem eigenen Präsidentschaftskandidaten: Francisco Madero, liberaler Sohn und Erbe eines reichen Industriellen und Grundbesitzers.

Díaz lässt den Rivalen schließlich in Haft nehmen und behauptet nach dem Wahltag, mit gewaltigem Abstand gewonnen zu haben. Madero kann zwar nach Texas entkommen, erklärt die Wahlergebnisse für gefälscht und ruft die Mexikaner zum Aufstand. Allein, kaum etwas passiert. Zu effizient ist die Repression, zu tief sitzt die Furcht.

Ganz im Norden jedoch, im Bundesstaat Chihuahua, kommt es zu Unruhen. Hier haben erst der Wandel zugunsten weniger Reicher, dann die Wirtschaftskrise besonders einschneidend gewirkt; zudem vertritt ein ungewöhnlich verhasster Clan die Diktatur, sind in den nahen USA moderne Waffen leicht verfügbar. Und die meisten der Grenzlandsiedler im Schießen und Reiten geübt.

Nun folgen städtische Regimegegner Maderos Aufruf, rebellische Viehtreiber, hungernde Bergarbeiter, enteignete Bauern, Desperados – darunter Pancho Villa. Wie viele treibt ihn weniger ein politisches Konzept als allgemeine Wut und unbestimmte Hoffnung auf ein besseres Leben. Ungewöhnlich ist sein Mut, mit gerade einmal zwei Dutzend Gefährten Einheiten der Bundesarmee anzugreifen. Bald kursieren Erzählungen von listigen Überfällen, erfolgreichen

ANFANG 1913 schlagen die alten Kräfte zurück: General Victoriano Huerta, langjähriger Gefolgsmann von Díaz, ergreift die Macht, ermordet den Revolutionspräsidenten und errichtet eine neue konservative Diktatur, die noch härter gegen die Opposition vorgeht

UNTER DEM DRUCK der Aufständischen, die ihre Attacken auch auf die Eisenbahnlinien richten – hier Kämpfer im Bundesstaat Morelos –, tritt Porfirio Díaz im Sommer 1911 zurück. Doch der neue Präsident aus dem Revolutionslager agiert glücklos

ANGESICHTS DER DIKTATUR Huertas formieren sich abermals die Revolutionäre: Im bergigen Herzen Mexikos etwa kämpft eine starke bäuerliche Guerillagruppe unter Emiliano Zapata (Mitte, mit Schnurrbart), der eine radikale Umverteilung des Landbesitzes propagiert

Scharmützeln und Villas Charisma, die Freiwillige anlocken, vor allem Bauern und Tagelöhner. Pancho Villas Truppe wächst.

Mitte Februar 1911 kehrt Madero zurück nach Mexiko, zu einer Rebelleneinheit im Norden. Sein Mut spricht sich herum, und bald erfassen die Revolten weitere Provinzen. Villa kommandiert inzwischen rund 700 Kämpfer, bedrängt die Regierungsarmee, lähmt sie, indem seine Männer Bahngleise zerstören, Telegrafenleitungen. Im Mai erobern Revolutionstruppen, darunter Villas Einheiten, die große, strategisch wichtige Grenzstadt Ciudad Juárez am Rio Grande.

Da reagiert Díaz unerwartet: Von Krankheit erschöpft, vor allem aber wohl, um dem Land einen verheerenden Bürgerkrieg zu ersparen, überlässt er Madero die Präsidentschaft – gegen dessen Zusicherung, die Bundesarmee und den Zentralstaat zu erhalten, die Revolutionstruppen aber aufzulösen.

Ein überraschender, triumphaler Sieg.

Den Madero verschenkt. Er strebt zwar eine demokratische Republik an – scheut indes vor sozialen Reformen zurück, will die Besitzenden und das erzkonservative Offizierskorps nicht verprellen. Indem er laviert, verliert Madero Rückhalt in allen Lagern.

Anfang Juni 1912 greift ein mächtiger Vertreter der alten Ordnung, General Victoriano Huerta, den ungeliebten Präsidenten indirekt an: Unter Vorwänden lässt er dessen Gefolgsmann Pancho Villa verhaften. Madero kann zwar vorerst verhindern, dass Villa erschossen wird, unternimmt aber nichts, um ihn aus der Haft zu holen.

Enttäuscht von Madero und unsicher, wie lange der Aufschub währen wird, plant Villa seine Flucht. Er kann einen Mitarbeiter des Gefängnisgerichts auf seine Seite ziehen, der eine Säge einschmuggelt. An Weihnachten 1912 klettert der Häftling durch ein aufgebrochenes Fenstergitter und entkommt.

Eben noch rechtzeitig gelangt Pancho Villa in die USA – bevor Huerta die Macht offen an sich reißt, Francisco Madero ermorden lässt, die Massenerschießungen politischer Gegner anordnet. Gestützt auf Armee, Geldadel und Kirche, erneuert Huerta die Diktatur, übt Terror gegen Dörfer wie Fabrik-

arbeiter. Anders als Díaz sind seine Nachfolger bereit zum Machtkampf um jeden Preis. Ende Februar 1913 ist die Revolution erledigt.

Scheinbar.

ÄNGST HAT NEBEN DER Hoffnung auf Freiheit, auf Würde der Glaube Wurzel gefasst, dass kämpfen sich lohnt. Dass die Staatsmacht besiegt werden kann. So ficht im gebirgigen Zentralmexiko eine starke Guerillabewegung unter Emiliano Zapata für eine radikale Landreform, die den Boden von den großen Gütern zurück an die Dörfer verteilt. Zapata hat bereits Madero bekriegt, erst recht nun Huerta.

Derweil sammelt im äußersten Nordwesten ein hochrangiger, eher konservativer Parteigänger Maderos die zahlreichen verbliebenen Anhänger des Ermordeten, als dessen politischen Erben er sich betrachtet: Venustiano Carranza.

Und bereits Anfang März quert eine kleine Schar von neun Reitern unbemerkt den flachen, trüben Rio Grande in südlicher Richtung. Pancho Villa kehrt zurück. Er kennt das bergige, weitläufige Gelände Chihuahuas aus seiner Zeit als Bandit, aus der ersten Phase der Revolution. Und die Leute hier kennen ihn. Schätzen Villa als tapferen, fintenreichen Führer, hart, aber fair, der seine Leute versorgt, meist aus dem Besitz der Reichen, die Armen schont, Plünderer und Vergewaltiger so erbarmungslos straft wie Feiglinge und Deserteure.

Binnen Monaten schwillt Villas Guerilla-Verband auf 8000 Mann an: „La División del Norte", die „Division des Nordens". Ihre Masse erlaubt es Villa, auch befestigte Orte anzugreifen, meist im frontalen Sturmlauf, mit wechselndem Erfolg, oft hohen Verlusten.

Im November 1913 rückt er abermals gegen Ciudad Juárez vor, da kann er noch auf dem Anmarsch einen Versorgungszug des Regimes abfangen. Villa lässt die Waggons entladen, 2000 Kämpfer einsteigen und

IM SOMMER 1914 flieht Diktator Huerta, angesichts sich nähernder aufständischer Streitkräfte, aus Mexiko-Stadt (hier Kämpfe um die Kapitale). Die Revolution triumphiert – aber das Ringen ist nicht vorüber: Die blutigste Phase folgt erst

VON NORDEN AUS kämpft sich Anführer Pancho Villa, zurückgekehrt aus zwischenzeitlichem Exil in den USA, gegen das Huerta-Regime vor. Seinen nun auf Tausende Männer anschwellenden Truppen (links) erlaubt er, sich von ihren Frauen und Kindern begleiten zu lassen

die Türen schließen. An jedem Bahnhof zwingen seine Männer die Telegrafisten, das ordnungsgemäße Vorankommen der Lieferung zu melden. In der Nacht auf den 15. November läuft der Zug ohne Kontrolle in Ciudad Juárez ein. Niemand erwartet einen Angriff, die Besatzung schläft oder vergnügt sich in den Bars und Bordellen. Als Villas Truppen aus den Waggons stürzen, stoßen sie kaum auf Gegenwehr – die Stadt fällt beinahe ohne einen Schuss.

Umso mehr Blut fließt anschließend. Denn inzwischen vergelten die Revolutionäre Huertas Brutalität mit Gegengewalt: Gefangene Offiziere werden beinahe ohne Ausnahme erschossen. Während indes die meisten Kommandeure beider Seiten Hinrichtungen in die Nacht verlegen, lässt Villa sie am hellen Tag vollziehen, auch in seiner Gegenwart, ja während er isst. Zur Abschreckung.

Anfang Dezember beherrscht die División del Norte Chihuahua, den größten Bundesstaat Mexikos und einen der reichsten. Von seinen Truppenführern zum Gouverneur gewählt, erlässt Villa umgehend drei Dekrete: Er zieht den Besitz von wohlhabenden „Feinden der Revolution" ein, verbietet um der Disziplin willen seinen Soldaten den Genuss von Alkohol, und er ordnet den Bau von rund 100 Schulen an, dazu einer Universität. Pancho Villa selbst kann nur mit Mühe lesen und schreiben. Gegenüber studierten Politikern oder Beamten empfindet er das oft als Schwäche. Umso mehr scheint ihm Bildung das beste Mittel, die Armen gegen die Gewalt der Reichen und Mächtigen zu wappnen, ihnen eine Chance im Leben zu eröffnen.

Umgekehrt weiß er, dass er als Mann ohne Ausbildung, ohne Verwaltungserfahrung und Wirtschaftskenntnis nicht zum Politiker taugt. Es ist nicht bloß Koketterie, wenn er sich in Interviews immer wieder als einen armen, halbwissenden Sohn des Volkes darstellt, der die zivile Verwaltung nur zu gern gebildeteren Gleichgesinnten überließe. Entsprechend bereitwillig tritt er das Amt bereits nach einem Monat ab, als Venustiano Carranza auf seinen Rücktritt drängt. Der politische Führer der Revolution möchte einen weniger populären Mann auf dem Posten sehen, denn Carranza erblickt in Pancho Villa bereits einen zukünftigen Konkurrenten.

Wenig später bricht die División del Norte auf nach Süden, meist in Güterzügen. Um seinen Bauernsoldaten den Weg in die Ferne zu erleichtern, erlaubt Villa den Männern, ihre Frauen, Freundinnen, ja Kinder mitzunehmen. Bald gleicht die Armee einem wandernden Volk. Dicht an dicht sitzen die Menschen auf den Dächern der Waggons, deren Laderaum Vorräten, Pferden, Geschützen, Munition vorbehalten ist.

Weder Kampfkraft noch Opferbereitschaft leiden unter der Begleitung, mögen sogar noch wachsen: Villa setzt sich in einigen kleineren, vor allem zwei großen Schlachten durch, bei denen viele Tausende auf beiden Seiten umkommen. Meist folgen kaltblütige Hinrichtungen unter den Besiegten. Dann, am 15. Juli 1914, flieht Victoriano Huerta aus Mexiko-Stadt, erreicht mit 600 Mann Eskorte den Hafen von Veracruz und schifft sich ein nach Spanien.

Die Revolution hat gesiegt. Der Schrecken ist vorüber. Scheinbar.

M IT DER FLUCHT des Diktators beginnt nicht der Frieden. Nicht der Wiederaufbau, keine neue Zeit. Vielmehr folgt nach der Rebellion gegen Porfirio Díaz und dem Kampf gegen Huertas Reaktion nun eine dritte Phase der Revolution: der Bürgerkrieg der Sieger. Der blutigste Teil des gesamten Ringens. Im Moment ihres Triumphes

wird unübersehbar, dass es *die* Mexikanische Revolution nicht gibt. Sondern mehrere lokale und regionale Revolten mit oft örtlichen Motiven, deren Anführer einander ebenso häufig als Rivalen betrachten wie als Verbündete.

Die beiden beherrschenden unter ihnen sind Venustiano Carranza und Pancho Villa. Liberaler Landbesitzerspross, Karrierepolitiker und Zivilist der eine. Fronpächtersohn, gelernter Bandit und Rebell, begnadeter Reiter und *pistolero* der andere. Ihr gegenseitiges Misstrauen entspringt nicht zuletzt persönlicher Abneigung, Geltungswillen.

Vor allem jedoch strebt Carranza eine demokratisch gewählte, indes machtvolle Zentralregierung an, die Sicherheit und Eigentum garantieren, durch Wirtschaftswachstum langfristig auch das Los der Armen bessern soll. Villa will keine starke Zentralmacht, sondern möglichst autonome Bundesstaaten und Gemeinden, hat vage Ideen von einer Bodenreform zugunsten der Kleinbauern und Tagelöhner.

Er und seine Anhänger sehen in Carranzas Politik Verrat an der Revolution, den Keim einer neuen Diktatur; in Carranzas Lager wiederum gelten Villas Vorstellungen als Rezept für Anarchie und die Willkür korrupter Provinzbosse. Politiker und Militärs aller Lager vermitteln, ernennen als Kompromiss gar einen neutralen, schwachen Milizführer zum Präsidenten. Villa soll es recht sein; ihn interessiert das Amt nicht. Carranza aber besteht auf seinem eigenen Anspruch. Ein Waffengang scheint unvermeidbar. Die übrigen kleinen und großen Revolutionsführer beginnen, eine Seite zu wählen.

So auch Emiliano Zapata, der radikale Bauernführer. Ende des Jahres 1914 trifft er Pancho Villa in Mexiko-Stadt. Beide Männer verbindet ihre bescheidene Herkunft, ihre Parteinahme für die Armen, Argwohn gegen Carranza. Sonst wenig. Sie finden keine gemeinsame Sprache, buchstäblich, sitzen minutenlang schweigend nebeneinander. Zapata will die Stimmung mit einem

DER BLUTZOLL des 1915 ausbrechenden Bürgerkriegs ist immens. Ein Grund: Pancho Villa lässt seine Kämpfer (oben) in veralteter Taktik oft ungeschützt agieren, in waghalsigen Frontalangriffen auf die Geschützstellungen der gegnerischen Armee zustürmen

NACH IHREM SIEG verkeilen sich die Revolutionäre in einem heftigen Kampf untereinander: Auf der einen Seite die neu eingerichtete gemäßigte Regierung, die nun über die regulären Truppen gebietet (links). Auf der anderen die Radikalen wie Pancho Villa und Emiliano Zapata, die auch weiterhin dem Zentralstaat zutiefst misstrauen

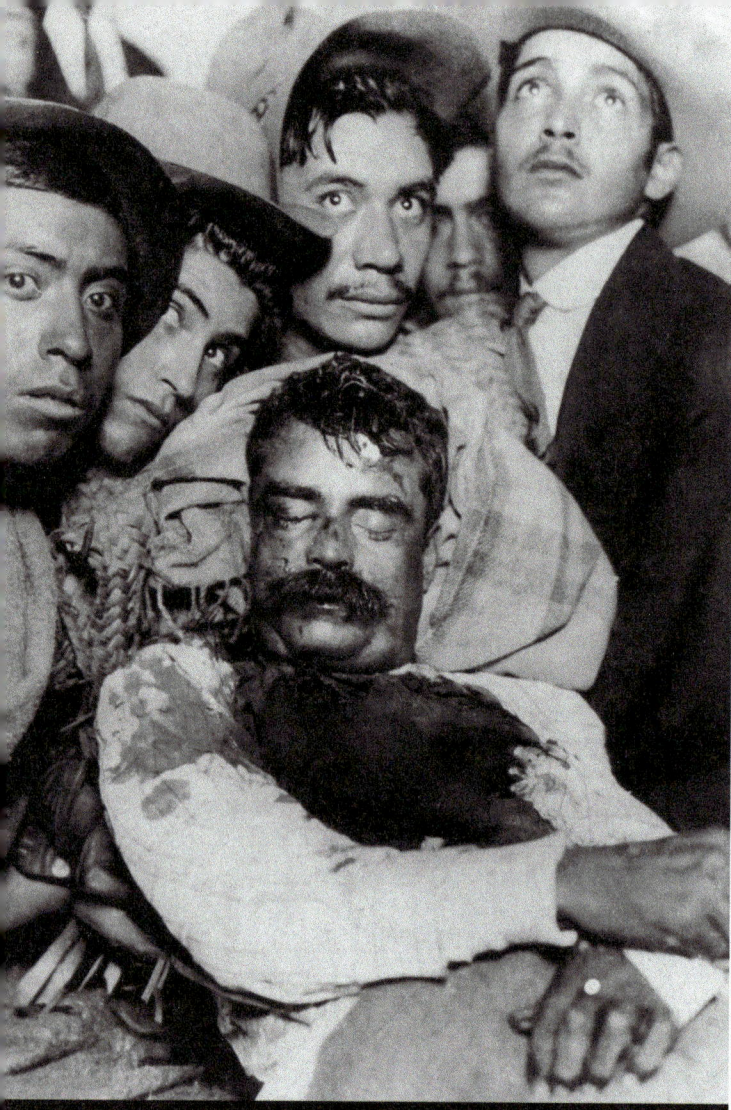

MEHRERE SCHLACHTEN entscheiden bereits 1915 das Kräftemessen zugunsten der neuen Zentralregierung. Emiliano Zapata wird später als Umstürzler auf ihr Geheiß hin in einem Hinterhalt erschossen (Anhänger posieren 1919 mit seiner Leiche)

PANCHO VILLA zieht weiter mit Kämpfern durch das Land, zunehmend rachsüchtig und verroht. Weil er auch eine US-Grenzstadt überfällt, schickt Washington Soldaten, die hier im Bild gemeinsam mit mexikanischen Truppen unterwegs sind, um Villa zu stellen – vergebens

DIE BETEILIGTEN VERLIEREN ALLE HEMMUNGEN

Cognac lockern; der Abstinenzler Villa bekommt den Schnaps nicht herunter. Zu Besuch beim Kompromiss-Präsidenten im prächtigen Nationalpalast entdeckt Villa den vergoldeten Thronsessel Kaiser Maximilians und schlägt vor, ihn auszuprobieren. Zapata scheut den großspurigen Auftritt. Villa setzt sich, platziert den gequälten Partner zu seiner Seite und lässt ein Foto machen. Ein Spaß – aus dem in der Presse ein Symbolbild wird: Villa und Zapata herrschen über Mexiko!

Zwar vereinbaren sie wirklich einen Beistandspakt. Doch Zapata ist am Krieg außerhalb seiner Heimatprovinz wenig interessiert, Villa will vor allem Carranza schlagen und Freiheit für Chihuahua. Kurz darauf verlassen sie die ungeliebte Hauptstadt.

Es ist, als könnten beide Anführer mit der Macht nichts anfangen, mit ihren Symbolen nicht, mit dem Verwaltungsapparat nicht; selbst programmatisch kommen sie über Gemeinplätze zu einer Landreform nicht hinaus. Auch das haben Pancho Villa und Emiliano Zapata gemein: Politisch sind sie letztlich im engen Horizont ihrer Herkunft befangen – keine nationalen Führer mit einem Plan für Mexiko.

Wenig später wird aus dem schwelenden Konflikt ein offener Bürgerkrieg, und Anfang April stehen sich bei Celaya in Zentralmexiko Villa und Carranzas Hauptmacht unter General Álvaro Obregón gegenüber. Villa greift an, muss sich aber verlustreich zurückziehen. Er schiebt es auf Munitionsmangel und schieres Glück des Gegners: ein Ausrutscher.

CELAYA, 13. APRIL 1915. Das Gelände vor der División del Norte ist blutgetränkt. Gerade einmal eine Woche ist es her, dass Pancho Villas Armee hier ihren Ruf der Unbesiegbarkeit verloren hat. Nun lässt ihr Chef sie erneut antreten, auf demselben Feld, gegen denselben Gegner. Beide Seiten verfügen vermutlich über bis zu 20 000 Mann.

Am späten Nachmittag schwillt das Gewehrgeplänkel zwischen den Fronten an, verdichtet sich zum Prasseln. Geschütze nehmen die jeweils gegnerischen Artilleriestellungen unter Feuer. Nach Sonnenuntergang hastet und robbt Villas Infanterie nach vorn, unter stetem Beschuss, bis auf wenige Hundert Meter an den Feind heran. Im Morgengrauen beginnt der erste Frontalangriff. Feuernd, in raschen Wellen gestaffelt, stürmen Fußsoldaten und Reiterei über das offene Feld. Ein ums andere Mal haben Villas Männer so Huertas Bundesarmee überrannt.

Allein, seitdem ist in Europa der Erste Weltkrieg ausgebrochen. Und anders als Pancho Villa hat Álvaro Obregón das Geschehen aufmerksam verfolgt, daraus gelernt. Seine Stellung liegt inmitten eines von Bewässerungsgräben durchzogenen, unwegsamen Geländes, ist umgeben von Stacheldrahtverhauen, hinter denen die Infanterie sich in der Erde verschanzt hat, gedeckt von Kanonen und 86 geschickt postierten Maschinengewehrnestern.

Deren Feuer mäht die angreifende, durch die Gräben gehemmte Kavallerie förmlich nieder. Während Villas Infanterie sich im Stacheldraht verfängt, davor staut, beim Aufschneiden oder Wegräumen ein ungedecktes Ziel abgibt. Immer neue Angriffswellen verwandeln sich unter dem Krachen und Tackern der Kleinwaffen, dem Donnern der Artillerie, Kreischen und Schreien der Verwundeten in zusätzliche Hindernisse aus Gefallenen, Haufen toter Pferde.

Bis in der Nacht ein Regensturm beide Heere zum Halten zwingt.

Álvaro Obregón hat nicht nur eine allgemein vorteilhafte Stellung gewählt. Sie ist auch auf das Naturell seines Gegners zugeschnitten: Villa, das weiß er, wird angreifen, sich festbeißen, keine Rücksicht auf Verluste nehmen. Zum einen aus Geringschätzung für ihn, Obregón, den Villa verachtet, für allzu gebildet, zu fein, zu zivil für einen Truppenführer hält, höhnisch „den Parfümierten" nennt. Zum anderen ist es ein eigentümlicher Zug Pancho Villas, dass er nicht lernt. So wenig wie ein politisches Konzept entwickelt er je ein taktisches Verständnis jenseits der Räuberfinten. Er entwirft keine Schlachtpläne, hält keine Reserven zurück, versteht mit seiner Artillerie wenig anzufangen. Sendet einfach immer neue Angriffswellen ins Feuer. Zuweilen rettet ihn der Rat militärisch ausgebildeter Offiziere. Doch dann schlägt er deren Klugheit wieder in den Wind, aus Arroganz oder Hitzigkeit, setzt alles auf die Macht der Masse, den Opfermut seiner Männer, blinden Willen.

Als das Wetter im Morgengrauen des 15. April aufklart, können Villas Kämpfer zwar einen angeschwollenen Flusslauf überwinden, in Obregóns Stellungen eindringen. Der jedoch schickt nun frische Reserven, seine eigene Reiterei gegen Villas erschöpfte, ausgeblutete und leer geschossene División del Norte. Die sich bald panisch zur Flucht wendet, Tausende Tote und Verwundete zurücklässt, Gewehre, Geschütze. Eine vollständige Niederlage.

Die Doppelschlacht von Celaya bildet den Auftakt zu einer Serie von Gefechten, die sich über vier Monate erstrecken, in denen geschätzt 20 000 Kämpfer beider Seiten umkommen und die immer wieder einem ähnlichen Muster folgen: Pancho Villa lässt sich von Obregóns kühler, defensiver Grabenkriegstaktik zu wütenden, heroischen Angriffen alten Stils verleiten – und scheitert. Ende Juli ist er geschlagen. Die División del Norte existiert praktisch nicht mehr.

AB 1920 ENDLICH gelingt es einem neuen Präsidenten, dem Ex-Revolutionsgeneral Álvaro Obregón, die Republik zu festigen. Er setzt auf soziale Reformen und Ausgleich: Mit Pancho Villa – hier sitzend in Weiß, direkt nach der Übereinkunft – schließt er einen Frieden

Etliche seiner überlebenden Offiziere verlassen Villa, setzen sich ab oder laufen über zu den Siegern. Am 15. Oktober 1915 erkennt US-Präsident Woodrow Wilson Venustiano Carranza als legitimen Führer des revolutionären Mexiko an. Damit ist der Machtkampf auch außenpolitisch entschieden.

Pancho Villa will es nicht wahrhaben, zieht mit einigen Unbeugsamen durch Gebirge und Wüsten, Schneestürme, Hitze, durstig, hungrig, auf der Suche nach einem neuen Anfang. Von Wut und Rachsucht zerfressen, lässt er die Disziplin, die er früher kompromisslos durchgesetzt hat, fast völlig zerfallen. Die Truppe verkommt zur Bande, tötet wirkliche wie vermeintliche Verräter, plündert Dörfer, vergewaltigt Frauen, ermordet Wehrlose oder presst sie in ihre Reihen.

Anfang März 1916 lässt Villa 500 Kämpfer eine Kleinstadt in den USA überfallen, wenige Meilen jenseits der Grenze. Vermutlich will er einen Gegenschlag provozieren, einen Krieg, der Carranza zu Fall bringen soll. Und wirklich entsendet Washington eine Strafexpedition in das Nachbarland. Doch sind sich Carranza und Wilson einig, eine Eskalation zu vermeiden.

Indes gelingt es weder der mexikanischen Armee noch der US-Kavallerie, Villa zu fassen. Ein Phantom, das weiterhin Guerillakrieg führt, zeitweilig wieder Zulauf hat, sporadisch Siege feiert, wenn auch letztlich trügerische. Beide Seiten haben jede Zurückhaltung aufgegeben, massakrieren wahllos Gefangene, töten selbst verwundete Gegner im Krankenhaus; entlang Landstraßen wie städtischen Boulevards hängen an Telegrafenmasten und Bäumen Leichen.

Derweil gibt Carranza Mexiko im Februar 1917 eine neue, liberal-demokratische Verfassung (die im Kern bis heute gilt). Seine Regierung ächtet Schuldknechtschaft und Kinderarbeit, führt den Acht-Stunden-Arbeitstag ein, einen Mindestlohn, ein Streikrecht und spricht Teile des Bodens jenen zu, die ihn bearbeiten. Zugleich lässt sie echte oder vermeintliche Umstürzler in Schauprozessen aburteilen und 1919 Emiliano Zapata in einem Hinterhalt töten. Carranza regiert zunehmend autoritär. Hält sich für unverzichtbar.

Schließlich putscht abermals die Armee – diesmal jedoch unter einem neuen, von der Revolution und ihren Idealen geprägten Offizierskorps. Venustiano Carranza kommt auf der Flucht zu Tode; vermutlich wird er erschossen.

ANFANG SEPTEMBER 1920 wählt das Volk einen Veteranen der Revolution zum Präsidenten. General Álvaro Obregón. „Der Parfümierte". Obregóns erklärtes Ziel ist es, die blutigen Jahre zu beenden. Nicht mit neuer Gewalt, sondern durch Ausgleich. Die große Mehrheit der Mexikaner ersehnt nichts mehr als das: Frieden.

Nach und nach gelingt es dem General und seinen Nachfolgern, die Republik zu stabilisieren. Zwar kommt es weiter zu harten Konflikten, zu Aufruhr und Gewalt, nutzen die Herrschenden unlautere Methoden des Machterhalts und der Bereicherung, bringt Mexiko-Stadt die teilautonomen Bundesstaaten, die Provinz-Caudillos und ihre Clans nie wirklich unter Kontrolle. Doch Bürgerkrieg und Diktatur sind Vergangenheit, eine Ära sozialer Reformen beginnt: Weitere Bodenzuteilungen an Landlose und Dorfgemeinschaften, Schulgründungen, Lohnerhöhungen, Unterstützung für Gewerkschaften, Kranken- und Unfallversicherung machen das Leben für Millionen Mexikaner einfacher, besser.

Bereits vor seiner Amtseinführung hat Obregón auf Drängen wichtiger Berater und der Öffentlichkeit einen Schritt getan, der ihm so schwerfällt wie seinem Gegenüber: Er stimmt einem Frieden mit Pancho Villa zu. Der ewige Partisan ist müde. Bereit, die Waffen niederzulegen. Dafür erhält er Straffreiheit sowie ein Landgut in seinem Geburtsstaat Durango, das ihm eine Existenz sichert.

Natürlich bleibt er nervös. Immer wieder lässt er sich von Obregón seine Sicherheit garantieren; zuletzt entsteht zwischen den beiden so unterschiedlichen Revolutionskämpfern gar eine Nähe. Pancho Villa beginnt, dem ehemaligen Feind zu vertrauen.

MITTE JULI 1923 besucht er für ein paar Tage eine seiner zahlreichen Geliebten in Parral, Chihuahua. Am frühen Morgen des 20. Juli macht er sich auf den Heimweg. Längst ein begeisterter Autofahrer, steuert er den Wagen selbst, Sekretär und Leibwächter auf den übrigen Sitzen. An einer Baustelle muss er abbremsen. Ein Mann taucht auf, schwenkt den Sombrero: „Viva Villa", es lebe Villa! Da fallen aus einem der umstehenden Häuser Schüsse, eine ganze Salve, Dutzende Kugeln durchschlagen Glas und Blech, etliche treffen Villa. Er ist sofort tot.

Als einer der Ersten wird Álvaro Obregón von dem Attentat unterrichtet. Denn er oder ein enger Vertrauter haben insgeheim den Auftrag gegeben. Nachdem Villa zuvor in einem Interview die Regierung kritisiert hat, erneut nach Einfluss zu streben schien, ist der Regierung das Risiko zu groß geworden, der legendäre Rebell könnte noch einmal zur Symbolfigur einer Revolte werden.

Viele Mexikanerinnen und Mexikaner reagieren entsetzt und betroffen. Andere erleichtert, befriedigt. Kaum jemand freilich ist bereit, den jungen Frieden noch einmal aufs Spiel zu setzen.

Pancho Villa stand wie wenige für den Kampf der einfachen Leute um Freiheit und Würde. Und zugleich für enthemmte Gewalt, für machistische Brutalität. Für das Ringen seines Volkes um eine bessere Zukunft – ebenso wie für den erbitterten Krieg, den die Nation gegen sich selbst führte, um sich selbst. Für jene fürchterlichen, chaotischen, blutigen Jahre, aus denen das moderne Mexiko hervorging. Die Jahre der Mexikanischen Revolution. Darin liegt Pancho Villas Größe. Nicht, dass er groß war. Sondern, dass sich etwas Großes in ihm spiegelte. ◊

LITERATURTIPPS

ALEJANDRO QUINTANA
»Pancho Villa«
Kompakte Biografie (Greenwood).

ALAN KNIGHT
»The Mexican Revolution – A Very Short Introduction«
Gelungene Zusammenfassung des verwirrenden Geschehens der Mexikanischen Revolution (Oxford).

Lesen Sie auch »Ernesto Guevara: Der Mann, den sie ›Che‹ nannten« (aus GEOEPOCHE Nr. 71) über einen anderen Revolutionär Lateinamerikas auf www.geo-epoche.de

IN KÜRZE

In den 1910er Jahren wird Mexiko erschüttert durch das bedeutendste und blutigste Ereignis seiner jüngeren Vergangenheit. Am Ende eines Jahrzehnts aus Aufständen und Reaktion, Putschen und Bürgerkrieg verbessert sich das Leben vieler Mexikanerinnen und Mexikaner spürbar, steht eine gerechtere liberal-demokratische Verfassung, die prinzipiell bis heute gilt. Doch der Preis des Fortschritts jener Mexikanischen Revolution ist hoch: Etwa eine Million Menschen sterben während der komplizierten, verworrenen und vielfach äußerst brutalen Auseinandersetzungen.

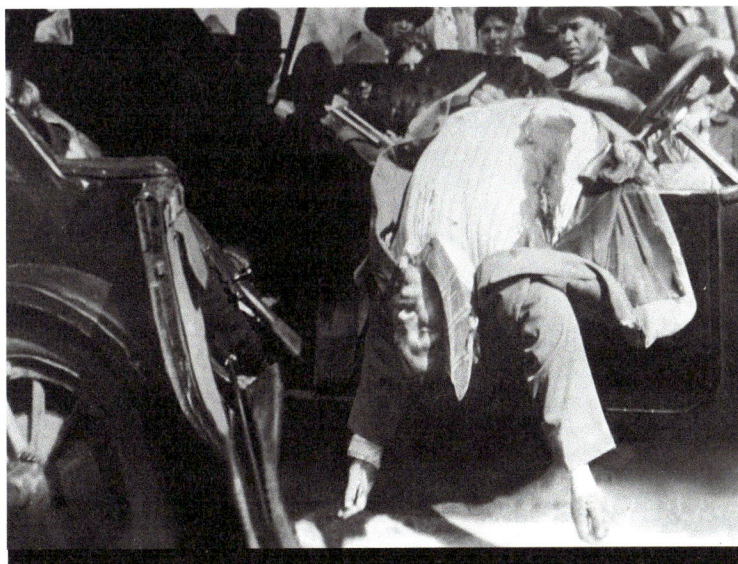

DOCH AUCH VILLA ereilt schließlich ein gewaltsames Ende. Entgegen seiner Versprechen ordert Präsident Obregón ein Attentat auf den ehemaligen Freiheitskämpfer – den er wohl noch immer für eine Gefahr hält. Die Schützen töten ihn im Juli 1923 im Auto

1953
Frida Kahlo

DIE MEISTERIN DER SCHMERZEN

Während Mexiko in der ersten Hälfte des 20. Jahrhunderts in einer langen Revolution in die Zukunft aufbricht, findet dort eine junge Frau ihren Weg als schließlich weltbekannte Schöpferin: Frida Kahlo – Autodidaktin, Exzentrikerin, Kommunistin – erschafft eigensinnige, hochkreative, in dieser Art nie zuvor gesehene Gemälde, die mexikanische Traditionen mit der Moderne verschmelzen. Politisch ist ihr Werk und doch ganz persönlich. Denn ihr wichtigstes Sujet ist immer wieder ihr eigenes, komplexes Selbst

FRIDA KAHLOS markantes Gesicht, die zusammenwachsenden Brauen, dunklen Augen und der Flaum über den Lippen tauchen in vielen Bildern der Künstlerin auf. Hier inszeniert sie sich als Schmerzensfrau (»Selbstbildnis mit Dornenhalsband und Kolibri«, 1940)

1953 | Frida Kahlo

IHR WEG ZUR KUNST ist auch eine Reise von europäisch geprägter Konvention (links) zu einem freieren, mexikanischen Selbstbewusstsein (rechts). Doch beide Identitäten, so lassen sich »Die zwei Fridas« (1939) deuten, stecken in Kahlos Werk

SCHON FRÜH TROTZT sie vorgegebenen Rollenbildern, posiert hier 1926 mit 18 Jahren im Familienkreis in Anzug und Weste (Mitte). Später hat sie Liebesbeziehungen zu Männern und Frauen

TEXT: *Kia Vahland*

ALLES STEHT BEREIT an diesem Frühlingsabend des Jahres 1953 in Mexiko-Stadt. Die Gemälde hängen an den Wänden, die Blumen sind arrangiert, die Gläser poliert. Eigentlich könnte die Galeristin Lola Álvarez Bravo jetzt die Tür aufschließen. Die Menschen draußen werden bereits ungeduldig, die ersten rütteln am Griff. Immer mehr Neugierige versammeln sich auf der Straße; der Verkehr stockt ihretwegen. Doch die Besitzerin der Kunsthandlung zögert.

Was, wenn die schwer kranke Künstlerin nicht kommen kann – Frida Kahlo, ihre Freundin, der Star des Abends? Die 45-jährige Malerin war so begeistert, endlich einmal etliche ihrer Werke in Mexiko in einer Einzelausstellung zeigen zu können. Hatte die Bilder für die Galería de Arte Contemporáneo ausgewählt und mit Wollfäden gebundene Einladungen verschicken lassen.

Und jetzt steht da in der Mitte des Saals Kahlos leeres Himmelbett. Es duftet blumig; jemand hat ein Parfüm der italienischen Modemacherin Elsa Schiaparelli versprüht, auch sie ein Fan Kahlos. An der Unterseite des Baldachins klebt wie immer der große Spiegel. Aber kein mit dunklen Zöpfen gerahmtes Gesicht gibt er wieder, sondern nur das darunter hängende Skelett aus Pappmaschee, eine Erinnerung an den mexikanischen Totenkult. Am Kopfende prangen, auch wie immer, Abbildungen von Marx, Engels, Lenin, Stalin, Mao sowie von Kahlos Freunden und Verwandten. Deren gemeinsame Bettgenossin aber: nicht da.

Oder doch. Nicht eine Frida ist im Raum, es sind viele. Die großen Augen unter zusammengewachsenen Brauen, die markanten Züge, der Oberlippenflaum. Die stolze Haltung des versehrten, mehrfach gebrochenen Körpers. Die leuchtenden mexikanischen Kleider, der Schmuck, ein bisschen indigen, ein bisschen Avantgarde: Frida Kahlo ist sich selbst ihr liebstes Motiv. Die vielen gemalten Fridas schauen nun auf das gemachte, leere Bett und auf Álvarez Bravo, die Freundin, Sammlerin, Fotografin, Mitstreiterin und gelegentliche Gespielin der Künstlerin.

Besonders mächtig wirkt das Gemälde „Die zwei Fridas", geschaffen im Jahr 1939. Normalerweise hängt es in Kahlos Atelier und nimmt fast die ganze Wand ein. Viele Künstlerinnen und Künstler malen die eigene Person, dass jedoch jemand gleich zwei Selbstbildnisse auf einem Gemälde vereint, ist selten. Die beiden Frauenfiguren halten einander an der Hand, sie sitzen auf einer Bank vor dunkel verhangenem Himmel in Gewitterstimmung.

Die linke Frida trägt ein weißes, langes und hochgeschlossenes Kleid mit Spitze. Den Saum schmücken rote Blumen – die merk-

GUILLERMO KAHLO, eingewandert als Carl Wilhelm aus dem deutschen Pforzheim, arbeitet als Fotograf und bestärkt seine Tochter darin, Malerin zu werden

IHRE INTENSIVE BESCHÄFTIGUNG mit dem eigenen Innenleben und dessen Verhältnis zur Welt führt zu unzähligen Selbstporträts, die Frida Kahlo oft mit Symbolen, Gegenständen und Wesen aus der mexikanischen Kultur ausstaffiert

würdig harmonieren mit dem Blut, das aus einer abgeklemmten Ader auf den Schoß der Figur tröpfelt. Die Ader führt zum offenen Herzen der Frau, das mit anatomischer Präzision wiedergegeben ist, und weiter zum ebenfalls frei liegenden Herzen der rechten Frida.

Die ist lockerer gekleidet. Unter ihrem weichen, grünen Rock zeichnen sich ihre Schenkel ab. Das ärmellose, blau strahlende Oberteil erinnert an die traditionellen südmexikanischen Kleider. Sie wirkt reifer, entschlossener als ihre jüngere Gefährtin in Weiß, die an eine Braut erinnert. Auf ihrem Schoß hält die ältere Frida am Ende der Ader ein Medaillon mit einem winzigen Kinderbild. Wie an einer Nabelschnur zeigt es Diego Rivera als Jungen; jenen Kollegen, von dem Kahlo, als das Gemälde entstand, nach zehnjähriger Ehe gerade vorübergehend geschieden worden war – ohne sich wirklich von ihm loszusagen. Er ist nur geschrumpft.

Nicht um den Mann geht es hier, sondern um eine Malerin mit Herzblut, eine Frau, die das steife, europäisch anmutende Brautkleid abgelegt hat zugunsten eines neuen mexikanischen Selbstbewusstseins. Und die doch weiß, dass beides zu ihr gehört, das Alte und das Neue, die Konvention und die Freiheit, die Gewitterwolken und eine stützende Hand.

Die Galeristin Lola Álvarez Bravo kann nicht länger warten. Sie schließt die Tür auf, die Vernissage-Gäste strömen herein. Der Saal füllt sich schnell. Dann übertönt ein Martinshorn die Stimmen. Ein Krankenwagen hält vor der Galerie, die Pfleger drängen die Menschen beiseite. Liegend wird Frida Kahlo hereingetragen, als handele es sich um eine Prozession. Sie ist die eigentliche Attraktion dieses Abends. Frida Kahlo spricht nur wenig, so schwach ist sie. Die Leute stehen um das Bett herum Schlange, um sie kurz zu begrüßen. Und sie lachen, trinken, feiern bis in die Nacht. Die nationale und internationale Presse preist die Ausstellung als Großereignis.

Mit der Schau in Mexiko-Stadt zeigt sich: Frida Kahlos Erfolg ist keine kurzfristige Modeerscheinung. Sie ist längst nicht mehr die „kleine Frida mit den schwarzen Brauen", wie ein Kritiker des US-amerikanischen Nachrichtenmagazin „Time" 15 Jahre zuvor geschrieben hatte. Stattdessen ist sie, diese Schmerzensfrau und exzentrische Erfinderin innerer Welten, gekommen, um es sich einzurichten in der Kunstwelt und im Gedächtnis der Menschen.

Und welch eine unwahrscheinliche Geschichte das ist: Die womöglich bekannteste Malerin der Moderne stammt nicht aus Paris oder New York, sondern aus dem globalen Süden, und sie macht sich diesen Umstand zunutze. Sie ist radikale Kommunistin, ein Mensch mit zahlreichen körperlichen Behinderungen, zudem ist sie medikamenten- und alkoholabhängig, und sie führt ein polyamores Leben mit Männern und Frauen. Sie entspricht ganz und gar nicht den Vorstellungen des 20. Jahrhunderts von einer Vorzeigefrau.

Trotzdem – oder auch gerade deswegen – ist sie zu einer weltweit populären Sehnsuchtsfigur aufgestiegen. Das liegt nicht allein an ihr. Frida Kahlos Erfolg ist untrennbar verbunden mit der Geschichte ihres Landes.

MEXIKO IST in der ersten Hälfte des 20. Jahrhunderts selbst ein Sehnsuchtsort, ein Refugium für Intellektuelle, Künstlerinnen, politische Denker, denen Europa oder die USA zu eng geworden sind. Manche wollen sich in der Sonne am Alkohol berauschen und an Drogen, manche vergleichsweise unbehelligt gleichgeschlechtliche Beziehungen pflegen. Andere romantisieren das Erbe der Azteken und die Kultur der Indios als besonders ursprünglich. Und wieder andere kommen, weil ihr Visum für die USA ausgelaufen ist oder sie politisches Asyl suchen müssen.

Mexiko, so meinen im frühen 20. Jahrhundert jedenfalls viele, ist ein Land im Werden. Eine Nation, die sich nicht in eine vermeintlich glorreiche Vergangenheit, sondern in die Zukunft träumt.

Diese Zukunft beginnt im Jahr 1910. Rund 30 Jahre lang hat Präsident Porfirio Díaz das Land zu diesem Zeitpunkt autoritär regiert. Der General mit gezwirbeltem Schnauzbart stützt seine Herrschaft auf Großgrundbesitzer, ausländische Investoren und eine verästelte Bürokratie; die oft verarmten Landarbeiter dagegen haben kaum Rechte. So ist die mexikanische Gesellschaft unter ihm geprägt von scheinbar unüberwindbaren Klassengegensätzen – und mit ihr die Kunst.

Diese dient einerseits den Reichen und imitiert das Luxusleben des alten Frankreich.

SELBSTBILDNIS MIT ZOPF
1941

ICH UND MEINE PAPAGEIEN
1941

SELBSTBILDNIS MIT HALSKETTE
1933

SELBSTBILDNIS MIT ÄFFCHEN
1945

**DIEGO IN MEINEN GEDANKEN
(SELBSTBILDNIS ALS TEHUANA)** 1943

**SELBSTPORTRÄT, DR. ELOESSER
GEWIDMET** 1940

SELBSTPORTRÄT MIT AFFEN
1943

SELBSTBILDNIS (FRESKO)
um 1923

**SELBSTPORTRÄT MIT
OFFENEM HAAR** 1947

ENDE DER 1930ER JAHRE entfacht Frida Kahlo wachsendes Interesse in den USA und Europa. Doch die Mexikanerin hält die dortigen Kunstkreise für aufgeblasen und empfindlich. Mit diesem bluttriefenden Auftragswerk eckt sie in New York an (»Der Selbstmord der Dorothy Hale«, 1939)

1953 | Frida Kahlo

Anerkannte Maler halten sich an das, was im 19. Jahrhundert an Akademien auch in Europa gelehrt wird: Porträts, Historien, keine Experimente.

Umso innovativer sind andererseits jene Künstler, die keine Lehrbücher haben, keine Staffelei, keinen Zugang zur High Society und nicht einmal Namen, die Betrachtende sich merken. Und doch sollen ihre Schöpfungen das mexikanische Bildgedächtnis prägen. Sie bemalen kleine Blechstücke mit Heiligengeschichten für Menschen, die um ihr Leben beten, weil sie krank, arm und vom Tod bedroht sind. Sie stechen Bilder von Kriminalfällen in Zinkplatten und vertreiben die Papierdrucke davon massenhaft. Und sie gestalten die Wände der *pulquerías* – jener beliebten Bars, in denen Pulque ausgeschenkt wird, ein günstiges alkoholisches Getränk aus Agavensaft. Vielleicht treffen sich hier in den Städten die Arbeiter, die kurz nach 1900 erste Proteste gegen den Diktator Díaz planen. Die werden zwar schnell niedergeschlagen – doch die Unzufriedenheit in der Bevölkerung wächst weiter.

1910 möchte der alternde Díaz seine Herrschaft wieder einmal durch eine Wahl legitimieren, wobei er (wie bei vorangehenden Abstimmungen) gar nicht daran denkt, Opponenten eine ernsthafte Chance einzuräumen. Schließlich gibt es in diesem Jahr etwas zu feiern: Sein 80. Geburtstag steht an und der 100. der mexikanischen Unabhängigkeitsbewegung von Spanien.

Doch wider Erwarten fordert ihn ein Liberaler heraus und gewinnt schnell Zuspruch: Francisco Madero, Sohn eines Großgrundbesitzers, eines Angehörigen jener Klasse also, die doch eigentlich im „Porfiriato", wie das Regime genannt wird, nichts zu klagen hat. Díaz lässt ihn kurzerhand verhaften, gewinnt darauf angeblich die Wahl – und tritt mit diesem offensichtlichen Betrug die Mexikanische Revolution los (siehe Seite 100), die seine Herrschaft hinwegfegt und einen Neuanfang einläutet.

Frida Kahlo meint, die Revolution sei ihr in die Wiege gelegt worden. Auch sie sei 1910 geboren worden, behauptet sie, so wie das junge Mexiko. Das stimmt nicht, die Künstlerin ist drei Jahre älter.

Ihrem Vater Guillermo ging es gut im Porfiriato. Er war als Carl Wilhelm Kahlo mit 18 Jahren ohne viele Mittel aus Pforzheim eingewandert und hatte sich eine Existenz als Fotograf aufgebaut. Im Auftrag des Regimes dokumentierte er im Vorfeld der 100-Jahr-Feierlichkeiten die koloniale Architektur des Landes. Es war ihm gelungen, in Coyoacán, in den südlichen Ausläufern von Mexiko-Stadt, ein Familienhaus zu bauen: das „Blaue Haus". Hier gebar seine zweite Frau Matilde am 6. Juli 1907 ihre dritte Tochter Magdalena Carmen Frida.

DAS »BLAUE HAUS«, in dem Kahlo geboren worden ist, übernimmt sie später von den Eltern. Der Komplex mit Garten im Süden von Mexiko-Stadt wird zunehmend zum Lebensmittelpunkt, je mehr ihre Gesundheit schwindet (Foto von 1951)

ALS KÖRPERLICH geborstene, von chronischen Schmerzen gemarterte, nurmehr durch ein Korsett gehaltene – und trotz allem stolze – Person zeigt sich Kahlo 1944 (»Die gebrochene Säule«). Tatsächlich sitzt sie immer häufiger im Rollstuhl oder muss liegen

Matilde ist streng katholisch, Analphabetin und eine begnadete Näherin und Stickerin. Sie stammt vom Isthmus von Tehuantepec, einer Landenge zwischen dem Golf von Mexiko und dem Pazifik im Süden. Matildes Vater, auch ein Fotograf, hat indigene Wurzeln. Ihre Töchter lehrt sie Handarbeiten, ist aber stets so rigide, dass Frida sich eher an Guillermo orientiert, der es liebt, die Kleine in allen möglichen Posen zu fotografieren. Als sie in den ersten Schuljahren an Kinderlähmung erkrankt, ist er es, der darauf achtet, dass sie ausreichend Gymnastik macht und wieder am Leben teilnehmen kann.

Die Eltern bemühen sich, die Kinder die ökonomische Not und die Schulden, in welche die Revolutionszeit die Familie gestürzt hat, nicht spüren zu lassen. Sie nehmen eine Hypothek auf das Blaue Haus auf, verkaufen Möbel, vermieten einzelne Zimmer, um immer genügend Geld zu haben.

NACH JAHREN DER KÄMPFE und wechselnden Regierungen gelangt mit dem General Álvaro Obregón 1920 ein Mann an die Macht, der eine Alphabetisierungskampagne startet, Landreformen einleitet, die Rechte der Kirche einschränkt, den Verkauf der Bodenschätze reguliert. Unter ihm kommt das Land zur Ruhe und erholt sich wirtschaftlich. So weit, dass auch Guillermo Kahlo es sich mit seinen Fotoarbeiten leisten kann, seine Lieblingstochter mit 15 Jahren in Mexiko-Stadt auf die Escuela Nacional Preparatoria zu schicken, die auf ein Studium vorbereitet.

Fridas Kindheit ist nun vorbei. Die junge Frau mit Ponyfrisur genießt ihre Freiheit. Sie kleidet sich immer mal wie ein junger Mann – der Rollenwechsel macht ihr Spaß; reine Mädchengruppen verspottet sie. Sie schließt sich einer Clique mit vielen Jungen an, die sich nach ihren Schiebermützen „Cachuchas" nennt und am liebsten Autoritäten foppt. Mal reiten die Teenager mit einem Esel durch die Schulhalle, mal fordert Frida die Absetzung eines unfähigen Lehrers. Später erklärt Kahlo, sie sei damals Mitglied der Kommunistischen Jugend gewesen, was nicht stimmen muss bei einer Frau, die ihr Geburtsjahr für eine gute Geschichte fälscht.

Obregóns Bildungsoffensive gibt Künstlern Arbeit. Einer ist der Maler Diego Rivera, ein Kommunist, der lange in Europa gelebt hat und nun die Wände öffentlicher Gebäude bemalen soll. Als Erstes gestaltet er in der Escuela Nacional Preparatoria die Aula mit christlichen Motiven. Mit seinem außergewöhnlich dicken Bauch und der sackartigen Kleidung mag man ihm kaum zutrauen, auf Gerüste zu klettern, aber er ist geübt im Umgang mit großen Flächen. Vielleicht fühlt Frida sich als seine Genossin, vielleicht treibt ihre Leidenschaft für das Zeichnen sie immer wieder in die Aula, vielleicht mag sie Rivera einfach: Jedenfalls plaudert sie mit dem rund 20 Jahre Älteren, zieht ihn auf; und er wundert sich über die selbstbewusste Jugendliche und starrt ihr auf die Brüste. Sie sagt einer Freundin, von Diego Rivera werde sie einmal ein Kind bekommen. Die findet die Vorstellung angesichts der Leibesfülle und des Alters des Künstlers unappetitlich.

Mexiko ist durch Obregóns Reformen im Umbruch. Das aber eine Frau allein Karriere machen könnte, ohne Förderer, ohne einflussreichen Gatten oder Liebhaber, das ist dann doch nicht denkbar. Kahlo wird kein Kind mit Rivera bekommen (sie erleidet später zwei Fehlgeburten). Aber sie wird einen großen Teil ihres Lebens an seiner Seite verbringen.

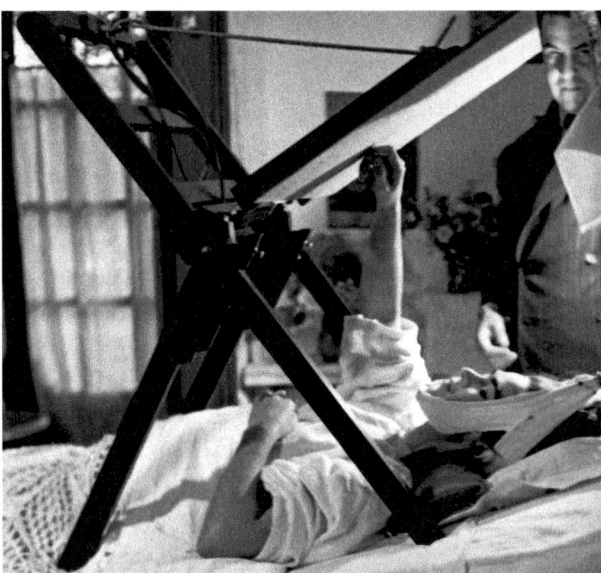

EIN SCHWERER UNFALL in einem öffentlichen Bus als junge Frau prägt Kahlos Leben, zahlreiche Rückenoperationen folgen. Mit einer speziell angefertigten Apparatur kann sie immerhin auch im Bett malen (Foto von 1940)

NOCH ZU BEGINN ihrer Karriere erschafft Kahlo »La Adelita, Pancho Villa und Frida« (1927), das sie selbst unter einem schiefen Porträt des ermordeten Revolutionsführers zeigt: als Einzelkämpferin in einer von Umbrüchen erschütterten Zeit

Mit 18 Jahren entscheidet sie sich, Malerin zu werden. Es ist eine Wahl aus schlimmer Not heraus: Kahlo liegt mit starken Schmerzen erst einen Monat im Krankenhaus, dann zwei weitere zu Hause. Eine Straßenbahn hatte am 17. September 1925 den Bus gerammt, in dem sie sich aufhielt, und eine eiserne Haltestange hatte ihren gesamten Leib durchbohrt. Dass sie nicht gestorben ist, erscheint allen ein Wunder zu sein; Dutzende Operationen wird sie in der Folge in ihrem Leben durchmachen müssen.

Sie hat Angst, wenn sie so im Bett liegt, und sie fühlt sich einsam. Vater Guillermo, der neben der Fotografie gern malt, leiht ihr seine Ölfarben. Mutter Matilde sorgt für eine spezielle Staffelei für das Arbeiten im Liegen. Und sie lässt an der Unterseite des Baldachins von Fridas Bett den Spiegel anbringen, mit dem die Verletzte sich selbst zeichnen und malen kann. Frida wird ihre Erleichterung nie vergessen: Nun „habe ich etwas, wofür es sich zu leben lohnt: die Malerei", will sie ihrer Mutter gesagt haben.

Wenige Jahre später wird die nun nicht mehr bettlägerige Autodidaktin mit ihren Arbeiten bei Rivera vorstellig. Der erkennt „wirkliche Ernsthaftigkeit", wertschätzt die Kollegin als „eine wirkliche Künstlerin".

ZUM WICHTIGEN BEGLEITER und langjährigen Ehemann Kahlos wird bald einer der bekanntesten Maler Mexikos. Diego Rivera (oben), 20 Jahre älter als sie, versieht als führender Vertreter des typisch mexikanischen »Muralismo« öffentliche Flächen und Gebäude mit farbstarker Wandmalerei (links)

Am 21. August 1929 heiraten die beiden. Sie wirken auf viele wie ein ungleiches Paar: Er ist groß und rund, sie klein und schlank; er ist ein Star, sie eine noch Unbekannte. Die Eltern sprechen von der Liaison einer Taube mit einem Elefanten.

Vor allem aber malen die beiden gänzlich unterschiedlich. Auf Riveras Großformaten drängeln sich die plastisch dargestellten Figuren, historische und aktuelle Persönlichkeiten

1953 | Frida Kahlo

DIE ALTMEXIKANISCHEN Einflüsse von Kahlos Kunst, verdichtet in einer symbolischen Szene: Eine puppenhafte Version der Malerin wird genährt von einer Indigenen, die eine traditionelle Maske trägt (»Meine Amme und ich«, 1937)

sind darunter, von den spanischen Eroberern und ihren Opfern über Karl Marx bis zu seiner Frau Frida. Rivera versteht sich als Historienmaler des mexikanischen Volkes und der Revolution, ein Mann der Öffentlichkeit.

FRIDA KÖNNTE EBENFALLS realistisch malen, könnte sich auch an der Kunstauffassung vieler Kommunisten orientieren, die ermutigen will, nicht verwirren. Aber das interessiert sie nicht. Sie will sich selbst und ihr Innenleben in Beziehung setzen zur Welt. Noch vor ihrer Hochzeit ist das unvollendete, traumartige Kleinformat „La Adelita, Pancho Villa und Frida" entstanden. In der Mitte ist Kahlo zu erkennen in einem Abendkleid. Sie sitzt in einer Bar, mit zwei quasi gesichtslosen Männern. Über ihr hängt ein schiefes Porträt des 1923 ermordeten Revolutionsführers Pancho Villa, der mit seinem Sombrero zur vielfach dargestellten Kultfigur geworden ist. Daneben malt Kahlo ein Gemälde einer modernen Architektur und eines von Revolutionären auf einer Eisenbahnreise durch das Land. Frauen sind dabei, die sich um die Kämpfer kümmern. „Adelita" heißt eine von ihnen in einem populären Lied; ihr Geliebter trägt ihr auf, ihn nach seinem Tod in der Sierra zu beerdigen.

Kahlo ist in diesem frühen Werk eine elegante Städterin, aber eben auch eine Adelita: eine Frau, die alleine in der neuen Welt zurückgeblieben ist. Der schiefe Pancho Villa an der Wand wird ihr nicht

mehr helfen. Sie kann nicht einfach auf den Zug der Revolution aufspringen, sondern muss ihre eigene Gangart finden.

Diese ist bald radikal weiblich, konsequent mexikanisch und immer so persönlich wie politisch. Kahlo legt die Männerkleider ab, die sie in ihrer Jugend gern trug, lässt sich lange Haare wachsen, die sie aufwendig flechtet. Sie trägt Halsketten aus prähispanischen Perlen und probiert sich durch die bunten Tücher der Mexikanerinnen, deren Mode sie dann frei mit Stoffen etwa aus China kombiniert. Mit Vorliebe wählt sie Röcke und Oberteile aus der Gegend des Isthmus von Tehuantepec, von wo ihre mütterliche Familie stammt. Zieht sich leuchtende, rechteckige *huipiles*, geometrisch gemusterte Blusen, über das Dekolleté. Befestigt weite rote und grüne Gewänder unter dem Korsett. Lässt am Saum Rüschenröcke hervorblitzen. Sogar den feierlichen Kopfschmuck der Tehuanas, der Frauen aus der Region, legt sie einmal an: feinste weiße Spitze, die das ganze Gesicht rahmt. Kahlo beherbergt Riveras umfassende Sammlung von präkolumbianischen Skulpturen und Tongefäßen im Blauen Haus, das sie von ihren Eltern übernommen hat. Und sie malt, was sie selbst und die Leute beschäftigt.

Zum Beispiel den Sohn ihres Dienstmädchens, der als Dreijähriger gestorben ist und den sie geschmückt und aufgebahrt zeigt wie einen Heiligen, aber mit traurigen Zügen und totenschweren Lidern. Oder ihre eigene Amme, eine kräftige Indigene, die eine eigentlich schon erwachsene Frida-Puppe stillt und dabei eine Maske aus dem zentralmexikanischen Hochland trägt. Oder einen Mann,

ZWISCHENZEITLICH BEZIEHEN Kahlo und Rivera ein modernistisches, eigens für sie entworfenes Doppelhaus in Mexiko-Stadt. Die Ehe ist geprägt von Seitensprüngen – aber auch von tiefer gegenseitiger Unterstützung

der aus Eifersucht seine Frau mit dem Messer brutal ermordet und dann sagt, das seien doch nur „ein paar kleine Stiche" gewesen – so zitiert die Banderole über dem vor Blut triefenden Motiv einen Zeitungsartikel. Ein bisschen erinnert das an die im Land weit verbreiteten Druckgrafiken mit Kriminalgeschichten.

Es fließt viel Blut auf Kahlos Bildern; der Tod ist ein häufiger Gast. Auch ihren eigenen Körper zeigt sie immer wieder verletzt, durchbohrt, von Stangen und Riemen mühsam zusammengehalten oder mit einem Dornenhalsband wie eine Märtyrerin – die keine Schmerzensregung zeigt, sondern in ernster Strenge in sich ruht, begleitet von ihrem verspielten Äffchen und ihrer angriffslustigen schwarzen Katze.

Nicht erst seit den vielen Morden der Revolutionszeit ist das Sterben in Mexiko eine öffentliche Angelegenheit. Jedes Jahr im Herbst feiern die Menschen ihre Toten, essen Zuckergussgebäck in Form handlicher Schädel oder kleiner Grabstätten und hängen Skelette auf aus Pappmaschee wie jenes, das Fridas Himmelbett bewohnt und das sie auch einmal malt. Die Seelen der Toten kehren für diese Feste zurück, heißt es – ein Glaube, in dem sich indigene Vorstellungen von einer Wiederkehr der Toten mit den christlichen Festen Allerheiligen und Allerseelen kreuzen.

Was in Mexiko selbstverständlich ist, gilt woanders als unangemessen. Kahlo begleitet Rivera auf mehreren USA-Reisen. Wohl fühlt

ALS GLÜHENDE Anhängerin des Kommunismus sorgt Kahlo mit ihrem Mann dafür, dass der sowjetische Revolutionär Leo Trotzki Asyl in Mexiko erhält. Kurzzeitig hat sie sogar eine Affäre mit ihm und schenkt ihm dieses Gemälde (»Selbstbildnis, Leo Trotzki gewidmet«, 1937)

sie sich dabei selten. Über die New Yorker High Society lästert sie in einem Brief: „Ich empfinde ein wenig Hass auf diese ganzen reichen Säcke, denn ich habe Tausende von Menschen gesehen, die im schlimmsten Elend leben, nichts zu essen und keinen Platz zum Schlafen haben." Die US-Amerikaner hätten „keinerlei Einfühlungsvermögen und Geschmack".

Einen Mangel an Einfühlungsvermögen wiederum erkennt im Jahr 1938 die Herausgeberin von „Vanity Fair", Clare Boothe Luce, bei Kahlo. Die hat für die Magazinchefin deren Freundin gemalt, die sich gerade zu Tode gestürzt hatte. Kahlo studierte die Nachrufe und erinnerte sich möglicherweise an die populäre christliche Malerei, die sie sammelt: Einzelne Szenen werden drastisch dargestellt, um die Heiligen zur Hilfe anzufeuern oder ihnen dafür zu danken. Die Künstlerin nun ließ ihre Figur erst vom Hochhaus hinabstürzen und dann noch einmal so hart aufprallen, dass der ganze Bildrahmen mit Blut vollzulaufen scheint.

Luce hat 400 Dollar für das Gemälde bezahlt, um es der Mutter der Toten zu geben. Jetzt aber ist sie so angewidert, dass sie das Werk am liebsten zerstören möchte. Sie begnügt sich schließlich damit, ihren Namen auf der Widmung überpinseln zu lassen. „All diese alten Schachteln sind so neurotisch", flucht Kahlo daraufhin in einem Brief an Rivera, „ich hasse sie jeden Tag mehr." Möglichst nie wieder will sie zurückkehren in dieses verdammte Land voller prätentiöser Idioten, denn diese wollten ja doch nur „am Arsch geküsst" werden. Nicht nur ihre Gemälde können herbe sein, sie kann es auch.

Kaum harmonischer gestaltete sich kurz zuvor eine Reise im März 1939 nach Paris, zu der die Surrealisten um André Breton sie eingeladen hatten. Der Theoretiker und Sozialist schwärmt für Kahlos Malerei, er schwärmt aber noch mehr für seine eigene vermeintliche Weltoffenheit. Und präsentiert die Werke dieser, wie er meint, „Märchenprinzessin" neben einem Sammelsurium aus Reisesouvenirs, die er in Mexiko gesammelt hat. Kahlo schäumt. Sie habe gar nicht gewusst, dass sie eine „Surrealistin" sei, bevor Breton sie zu einer erklärte. Und an anderer Stelle schreibt sie über die Pariser Intellektuellen: „Was diese Leute für Kanaillen sind. Ich könnte kotzen." Denn: „Sie sitzen stundenlang in Cafés, wärmen ihre feinen Ärsche und quatschen ununterbrochen über ‚Kultur', ‚Kunst', ‚Revolution' und so weiter."

Für die ausgestellten Gemälde – darunter auch die Selbstmordszene – begeistern sich die Kollegen Pablo Picasso, Joan Miró, Wassily Kandinsky und andere, wie Kahlo sagt: „Großschisser". Die Schau wird Kahlos Durchbruch in der europäischen Kunstszene. Der Louvre kauft eines ihrer Selbstbildnisse. Sie ist jetzt ein internationaler Star.

FRIDA KAHLO empfängt im Januar 1937 Trotzki (mit Spitzbart), den Unterlegenen im Machtkampf mit Stalin, und seine Frau bei deren Ankunft in Mexiko. Für zwei Jahre bewohnen sie das alte Anwesen der Künstlerin in der Hauptstadt

Allerdings: Was bedeutet das, wenn die Welt aus den Fugen gerät und für moderne Künstler immer kleiner wird? Im nationalsozialistischen Deutschland werden die Avantgarden schon verfemt; das Regime bereitet gerade den Überfall auf Polen vor. Und in Spanien siegt General Francisco Franco im Bürgerkrieg und errichtet eine Diktatur – Kahlo hat sich mit Rivera für die freiheitliche Republik engagiert und organisiert nun die Flucht von Hunderten Spaniern nach Mexiko.

Und Stalins Sowjetunion? Nach dem Zweiten Weltkrieg wird Kahlo sich zu dem Diktator bekennen; im Jahr 1939 aber bekennt dieser sich ganz sicher nicht zu ihr. Denn Kahlo und Rivera beherbergen seit zwei Jahren seinen Erzfeind in ihrem Blauen Haus: Leo Trotzki, den gescheiterten Rivalen um die Nachfolge Lenins.

In Mexiko regiert inzwischen Lázaro Cárdenas. Der Schnauzbartträger vom Land liebäugelt mit sozialistischen Ideen, ohne moskautreu zu sein. Er hatte sich an der Mexikanischen Revolution beteiligt und wagt es nun, Landflächen im großen Stil an Kleinbauern umzuverteilen und die Ölindustrie zu verstaatlichen, die bisher ausländische Firmen dominierten. Auf Drängen Riveras, der Trotzki bewundert, gewährte Cárdenas dem staatenlosen Kommunisten 1937 Exil unter der Bedingung, dass er sich aus der mexikanischen Außenpolitik heraushalte.

Trotzki muss das Blaue Haus zunächst vorkommen wie ein Paradies: Er genießt die herzliche Gastfreundschaft und Bewunderung des Künstlerpaars, sammelt Kakteen, agitiert gegen Stalin unter dem Schutz ehrenamtlicher Wachleute und gründet in Konkurrenz zum kommunistischen Weltverband die Vierte Internationale. Und er führt zu Beginn seines Aufenthalts eine leidenschaftliche Affäre mit Kahlo, die ihn „Piochitas" nennt, Ziegenbärtchen, und ihm ein so distanziertes wie elegantes Selbstbildnis malt. Wie auch Rivera, so pflegt die Künstlerin etliche Liebschaften, wobei ihr Mann ihr den Ehebruch mit Männern mehr nachträgt als mit ihren Liebhaberinnen. Dafür wird sie ihm nie verzeihen, dass er sie einmal mit ihrer eigenen Schwester betrügt.

Im April 1939 überwerfen sich der impulsive Rivera und der immer etwas herablassende Trotzki. Kahlo kann oder will nicht vermitteln, Trotzki zieht mit seiner Frau in ein Haus in der Nähe. Dort wird er am 21. August 1940 von einem Agenten Stalins ermordet. Frida ist schwer getroffen – und berichtet, der Mörder habe zuerst sie überreden wollen, ihn mit Trotzki bekannt zu machen, was sie aber abgelehnt habe.

Vielleicht sind es solch schillernde Geschichten, die dazu führen, dass Frida Kahlo zwar als Person bekannt ist in Mexiko, als Künstlerin

OFT ANS HAUS GEFESSELT, umgibt sich Kahlo gern mit Freunden – hier die US-amerikanische Künstlerin und Assistentin ihres Mannes Emmy Lou Packard. Nach Kahlos frühem Ableben 1954 halten Vertraute und Prominente Totenwache

aber neben ihrem Mann übersehen wird – bis zu jenem rauschenden Fest an dem Frühlingsabend 1953 in der Galerie von Lola Álvarez Bravo, einer der wenigen wirklichen Kennerinnen von Kahlos Œuvre im Land.

Frida ist in dieser Zeit so schwach, dass sie kaum noch ihren eigenen Zustand auf Leinwände malen kann. Sie zeichnet, schreibt Tagebuch. Sieht sich als „Zelle im komplexen Revolutionsmechanismus der friedlichen Völker", schwärmt von mexikanischen, aber auch asiatischen Gesichtern: „die dunkle Haut, die wunderschöne Form, die grenzenlose Eleganz". Das europäische Schönheitsideal mag im Kanon der Kunst gelten, in Kahlos Kosmos gilt es nicht.

Sie weiß wohl: Der Tod, mit dem sie sich so lange beschäftigt hat, beschäftigt sich nun bald mit ihr. Im Spätsommer 1953 muss ihr ein

Bein amputiert werden; sie trägt trotzdem schnell wieder rote Stiefel. Und zeichnet sich im Akt mit Prothese, widmet das Bild „ihrem Kinde Diego", also ihrem Mann. Doch ihre Stimmung schwankt. Oft steht sie unter Drogen, brüllt, trinkt flaschenweise Cognac.

Am 13. Juni 1954 stirbt Frida Kahlo im Blauen Haus. Sie wird in ihrem Himmelbett aufgebahrt, mit Blumen im Haar, einem schwarzen Rock der Tehuana und darüber einem weißen *huipil*. Ihr verbliebener Fuß trägt rote Nägel. Marx, Engels, Lenin, Stalin und Mao wachen am Bettkopf über sie, wie immer. Ihre Freunde und Freundinnen kommen, küssen den Leichnam, weinen. Dann wird der Sarg in den Palast der Schönen Künste getragen, bedeckt von einer roten Fahne mit Hammer und Sichel, für die Rivera sich eingesetzt hat. Unter den Männern, die Ehrenwache halten, ist auch der nun ehemalige Präsident Cárdenas.

Vier Jahre später wird – nachdem auch Diego Rivera gestorben ist – im Blauen Haus ein Frida-Kahlo-Museum eingeweiht; ihre Asche liegt bei der Eröffnung auf ihrem Bett in einem Säckchen.

Es dauert bis 1984, bis Kahlos Werk auch zum nationalen Erbe Mexikos ernannt wird. Zu diesem Zeitpunkt ist sie bereits ein internationaler Popstar. Die feministische Bewegung interessiert sich außer für die Malerei Kahlos vor allem für ihre Schmerzen und ihre immer wieder auch anstrengende Ehe. Bücher über sie werden zu Bestsellern, das Kunstmagazin „art" titelt 1980 „Eine Frau malt um ihr Leben".

Die „Vogue" macht den Kleidungsstil Kahlos in einer Ausgabe von 1989 bekannt. Es gibt Filme, Theaterstücke, Romane, Cartoons über die Künstlerin. Ihr Antlitz prangt auf Tassen, Tequilaflaschen, sogar auf Puppenköpfen. Die Kommunistin wird zum Konsumartikel, die Mexikanerin zum Idol gerade in jenen Ländern, über die sie schimpfte und spottete: in Westeuropa und den USA.

Erst um die Jahrtausendwende entdeckt die internationale Kunstwelt Kahlo auch als leidenschaftliche, eigensinnige und erfindungsreiche Malerin wieder, welche die Bilderwelt ihres Landes in die künstlerische Moderne übersetzt hat. Ihre Popularität weit über Museen hinaus hat auch damit zu tun: Sie war keine Weltreisende, die sich staunend das vermeintlich ursprüngliche Leben anderer Völker aneignete, wie es viele Avantgardisten im frühen 20. Jahrhundert taten. Sondern eine Stimme des alten wie des neuen Mexiko, die sich den Normen und Schönheitsidealen der Europäer und US-Amerikaner widersetzte.

In dem Gesamtkunstwerk Frida Kahlo kann dabei jeder und jede etwas anderes erkennen. Ob sie sich darüber geärgert hätte? Wahrscheinlich. Wahrscheinlich hätte sie, diese Inszenierungskünstlerin, die Aufmerksamkeit, die Zu- und Abneigung ihres Millionenpublikums aber auch genossen. „Vergesst mich nicht", steht unter einem ihrer Briefe. Darauf legte sie es an. Und gewann. ◊

LITERATURTIPPS

KAREN GENSCHOW
»Frida Kahlo – Leben, Werk, Wirkung«
Kompakte biografische Studie (Suhrkamp).

PHILIP L. RUSSELL
»The Essential History of Mexico«
Überblickswerk mit großem Teil zum 20. Jahrhundert (Routledge).

Lesen Sie auch »**Gabriel García Márquez: Hundert Jahre Einsamkeit**« (aus GEOEPOCHE Nr. 71) über den großen lateinamerikanischen Schriftsteller auf *www.geo-epoche.de*

IN KÜRZE

Mitte des 20. Jahrhunderts steigt die Mexikanerin Frida Kahlo zur wohl bedeutendsten Künstlerin ihres Landes auf – und zu einer der berühmtesten weiblichen Kunstschaffenden überhaupt. Mit eigenständigem Stil, einem Blick jenseits der arrivierten westlichen Perspektiven, mit einem Leben voller Radikalität und Selbstbehauptung gerät sie posthum sogar zu einer Art Popstar.

1968
José Revueltas

ZWAR BLÜHT Mexiko ab den 1940er Jahren wirtschaftlich auf, doch die Einwohner leben unter einem autoritären Regime, und die meisten sind arm. 1968 formiert sich erstmals breiter Protest gegen die Staatsführung. Die wohl bekannteste Figur des Widerstands ist ein preisgekrönter Literat: José Revueltas, gegen dessen Mitstreiter die Regierung im Oktober mit brutaler Härte vorgeht

GEGEN DAS REGIME

Bei den Olympischen Spielen 1968 will sich Mexiko als Musterstaat präsentieren. Doch im Vorfeld fordern linke Kritiker wie der Schriftsteller José Revueltas die allmächtige Staatspartei PRI heraus – mit fatalen Folgen

TEXT: *Insa Bethke und Thore Storch*

Hunderte Millionen Pesos hat Mexiko in das größte Sportereignis seiner Geschichte investiert: in den Bau von Sportstätten, einer Autobahn, eines U-Bahn-Netzes. Nun, im Herbst 1968, will das Land als Ausrichter der Olympischen Spiele der Welt beweisen, wie stark und stabil es ist: Die Industrie blüht, die Wirtschaft wächst jährlich um mehr als sechs Prozent. Tatsächlich aber ist Mexiko keineswegs der Vorzeigestaat Lateinamerikas, als der er sich zeigen möchte. Die allein herrschende Partei, der „Partido Revolucionario Institucional" (PRI), hält sich seit Jahrzehnten auch mittels Gewalt, Korruption und Manipulation an der Macht. In einem Land, in dem sich wenige bereichern, während die meisten in Armut leben.

Ausgerechnet im Olympiajahr aber regt sich politischer Protest. Studierende gehen seit Monaten in Mexiko-Stadt auf die Straße, skandieren: „Wir wollen keine Olympischen Spiele! Wir wollen Revolution." Mittendrin: José Revueltas, ein linker Autor und eine führende Figur der Widerstandsbewegung.

Der Schriftsteller und politische Aktivist wird 1914 in eine künstlerische Familie geboren. Bereits mit 13 Jahren muss er, nachdem der Vater früh verstorben ist, zum Familieneinkommen beitragen. In dem Betrieb, in dem er unterkommt, predigt ein älterer Arbeiter marxistische Theorie. Revueltas hört begeistert zu und tritt der Kommunistischen Partei bei. Er organisiert Streiks und Demonstrationen, muss als junger Erwachsener mehrmals ins Gefängnis.

Neben der Politik brennt er für die Literatur, in den 1940er Jahren macht er sich einen Namen als Verfasser von Kurzgeschichten und Romanen, gewinnt wichtige Preise.

In jener Zeit lässt der PRI verstärkt ausländische Investoren ins Land. Das Land blüht ökonomisch auf. Doch obgleich nun eine aufstrebende städtische Mittelschicht entsteht und das Regime soziale Reformen anstößt, wächst die Kluft zwischen Arm und Reich. Protest ist kaum möglich: Die Partei hat sich die mächtigen Arbeiter- und Bauernorganisationen gefügig gemacht, kontrolliert die Justiz und die Wahlen und scheut auch vor Gewalt nicht zurück. So gelingt es dem PRI, jegliche Opposition im Zaum zu halten – und nach außen das Image einer aufstrebenden Demokratie abzugeben. 1963 erhält Mexiko als erstes lateinamerikanisches Land den Zuschlag für die Ausrichtung der Olympischen Spiele.

Studierende und andere regimekritische Menschen sehen das Großereignis als Möglichkeit, der Weltöffentlichkeit die Augen über die wahren Zustände in ihrer Heimat zu öffnen. 1968, im Jahr der Austragung, ziehen sie protestierend durch die Straßen der Hauptstadt. „Mexico: Gold Medal for Repression" ist auf einem ihrer Banner zu lesen. Das Regime schickt Polizisten mit Knüppeln – und heizt die Proteste damit weiter an. Ende August demonstrieren 200 000 Menschen in Mexiko-Stadt. Vor allem aus der Mittelschicht kommt immer mehr Unterstützung für die Studierenden.

Präsident Gustavo Díaz Ordaz aber will den internationalen Gästen, die er zur Eröffnung der Spiele am 12. Oktober erwartet, eine friedliche Hauptstadt präsentieren. Als sich zehn Tage vorher auf dem Platz der Drei Kulturen im Stadtteil Tlatelolco erneut Tausende Demonstranten versammeln, lässt er Soldaten aufmarschieren. Kurz nach 18 Uhr geht von einem Hubschrauber, der über dem Platz kreist, bengalisches Feuer nieder. Dann fallen Schüsse, 15 000 Stück. Mehrere Hundert, genaue Zahlen gibt es bis heute nicht, Menschen sterben in dieser Nacht, weitere Hunderte werden verletzt. Die Regierung behauptet in den staatlich kontrollierten Medien, Demonstranten hätten das Feuer eröffnet. Eine Welle von Verhaftungen rollt heran, die auch José Revueltas ins Gefängnis bringt. Zwar berichten ausländische Medien über das Massaker, aber die offiziellen Reaktionen bleiben verhalten – wohl, um das anstehende Weltsportfest nicht zu gefährden.

Am 12. Oktober 1968 eröffnet Díaz Ordaz vor rund 100 000 Zuschauern die 19. Olympischen Sommerspiele unter dem Motto „Alles ist möglich im Frieden". Erst Jahrzehnte später wird herauskommen: Das Regime hatte eine Sondereinheit in Zivil das Feuer von angrenzenden Gebäuden eröffnen und dieses von Soldaten von den Seiten des Platzes erwidern lassen, um den Eindruck einer berechtigten Reaktion zu erwecken.

José Revueltas, intellektuelle Leitfigur der Studentenbewegung, kommt 1971 aus dem Gefängnis frei. Er schreibt weiter, stirbt jedoch fünf Jahre nach seiner Entlassung, geschwächt auch durch die Spätfolgen mehrerer Hungerstreiks während der Haftzeit. Dem wahren Architekten des Massakers in Tlatelolco hingegen, dem damaligen Innenminister und späteren Präsidenten Luis Echeverría Álvarez, bleiben aufgrund von Verjährung Freiheit – und Leben. ◊

1985
Drogenkartelle

BEIM US MARINE CORPS durchläuft Enrique Camarena, Sohn mexikanischer Einwanderer, eine harte militärische Ausbildung, arbeitet anschließend als Feuerwehrmann und Polizist. 1974 wirbt ihn die US-Anti-Drogen-Behörde DEA an: Camarena, der fließend Spanisch spricht, soll mexikanische Kartelle infiltrieren. Großes Bild: Festnahme von Dealern in Mexiko-Stadt 2007

DIE
UND DER ERMITTLER

In den frühen 1980er Jahren dominiert das mächtige Guadalajara-Kartell den mexikanischen Drogenhandel. Dessen drei Bosse, gedeckt von korrupten Politikern und Polizisten, kommen scheinbar mit jedem noch so grausamen Verbrechen davon. Doch als sie im Februar 1985 den US-amerikanischen Undercover-Agenten Enrique »Kiki« Camarena entführen, lösen sie damit eine Kettenreaktion aus, die ihren eigenen Sturz herbeiführt – und Mexiko schließlich in einen nie gekannten Strudel der Gewalt reißt

NARCOS

1985 | Drogenkartelle

TEXT: *Johannes Teschner*

Am Mittag des 7. Februar 1985 fällen Rafael Caro Quintero und Ernesto Fonseca Carrillo eine Entscheidung, die sie den Thron des mexikanischen Drogenhandels kosten wird. Die beiden Männer treffen sich in einer Stadtvilla im Zentrum Guadalajaras, die als Operationsbasis ihres Kartells dient. In dem Haus mit Patio, Pool und etlichen Zimmern, manche davon reserviert für Prostituierte, treiben sie seit Jahren ihre Geschäfte voran, zelebrieren ihre milliardenschweren Erfolge in tagelangen Orgien, bei denen stets ein Arzt anwesend ist, um bei Überdosen erste Hilfe leisten zu können.

Heute aber gibt es nichts zu feiern, und es geht auch nicht um alltägliche Themen wie Schmuggelrouten oder Kilopreise: Caro Quintero und Fonseca Carrillo beraten über die Entführung von Enrique „Kiki" Camarena, einem Ermittler der US-amerikanischen Drug Enforcement Administration (DEA). US-Beamte zu bestechen ist gang und gäbe für Mexikos Drogenbarone, auch sie zu bedrohen, einzuschüchtern. Aber einen von Washingtons Männern zu entführen, das wäre eine neue Dimension der Konfrontation.

Doch mehr denn je hat die DEA in letzter Zeit die Geschäfte der Kartellbosse torpediert, sie haben Milliarden von Dollar verloren. Und Agent Enrique Camarena, ein ehemaliger US-Marine, ehrgeizig und unbestechlich, ist mitverantwortlich dafür. Erst drei Monate zuvor hat er dafür gesorgt, dass Caro Quinteros Marihuanaplantage abgefackelt wurde, die größte Anlage dieser Art weltweit. Und Caro Quintero ist niemand, der einen solchen Rückschlag auf sich sitzen lässt. Der 33-Jährige mit gewelltem Haar, hohen Wangenknochen und breitem Lächeln, Spitzname El Príncipe, „der Prinz", sieht sich selbst als charmanten Frauenhelden – doch mindestens ebenso berüchtigt wie für Affären ist er für seinen Stolz, seine fast kindlichen Wutausbrüche und eine maßlose Brutalität.

Der gut 20 Jahre ältere Fonseca Carrillo, genannt Don Neto, mag im Vergleich bedachter sein. Doch auch er, dessen Augen oft trüb sind von Alkohol und Kokain, hält die Entführung für eine gute Idee. Um Camarena einzuschüchtern und ihm abzupressen, von wem er seine Informationen bekommt, wieso er Caro Quinteros im Nirgendwo gelegene Plantage kannte, was er über das weitverzweigte Netzwerk des Kartells weiß.

Vielleicht rächt sich, dass Don Neto und El Príncipe ohne Miguel Ángel Félix Gallardo beraten, den Mächtigsten ihres Dreibunds, den *Jefe de Jefes*, „Boss der Bosse". Der hagere, blasse Mann mit sauber gescheiteltem Haar, kühler und berechnender als seine Kompagnons, hätte womöglich Nutzen und Risiken der Aktion anders abgewogen. Doch sie fragen ihn nicht – und senden ihre Häscher nach Camarena aus.

Noch am selben Nachmittag sollen sie den Agenten schnappen. Um sich die Wartezeit bis dahin zu verkürzen, macht sich Fonseca Carrillo zum Essen in eines seiner Restaurants auf. Caro Quintero geht shoppen.

Haben die vielen Verbrechen, die sie begangen haben, ohne je dafür belangt worden zu sein, die beiden unvorsichtig werden lassen? Die Polizisten, Richter, Politiker, die auf ihrer Gehaltsliste stehen?

In ihrer Stadt sind sie die Könige. Wenn Caro Quintero eine Frau auf der Straße sieht, die ihm gefällt, befiehlt er seinen Männern, sie in sein Auto zu bringen. Wenn Fonseca Carrillo ein Geschäftspartner zu sehr auf die Nerven geht, erschießt er ihn. Doch auch Königen kann ein unausgegorener Plan entgleiten. Mitunter derart, dass er den Untergang ihres Reichs bedeutet.

Und so läuten Caro Quintero und Fonseca Carrillo an diesem Tag das Ende des Guadalajara-Kartells ein, der größten Drogenorganisation, die Mexiko je gesehen hat. Mehr noch: Sie bringen ein System ins Wanken, das die mexikanischen Drogenbarone mit der politischen Elite ihres Landes verbindet und mit dem nördlichen Nachbarn, den USA. Eine Dreiecksbeziehung, die über Jahrzehnte gewachsen ist. Und deren Erschütterung Folgen hat, die kein Krimineller mehr kontrollieren kann, und sei er noch so mächtig.

o

DIE GRENZE ZWISCHEN Mexiko und den USA ist 3145 Kilometer lang, trennt das dritt- und das 13-größte Land der Erde voneinander, das eine reich, das andere arm – und ist wie kaum eine andere Staatengrenze auf der

SIE MEINEN,
SIE STÜNDEN ÜBER DEM GESETZ

ERNESTO FONSECA CARRILLO (l.) ist einer der drei Bosse, die in den 1980er Jahren Mexikos erstes großes Drogenkartell aufbauen, das sie von Guadalajara (u.) aus führen. Als die Geschäfte der »Narcos«, wie Drogenhändler in Mexiko genannt werden, von den Ermittlungen Enrique Camarenas (u. l.) gestört werden, entführen sie den DEA-Agenten im Februar 1985. Wochen später wird Camarenas in Plastik gewickelte Leiche gefunden (u. r.)

IM TRIUMVIRAT des Guadalajara-Kartells ist Rafael Caro Quintero zuständig für den Marihuana-Vertrieb. Privat bevorzugt er Kokain. Berauscht feiert er mitunter tagelang durch, sei es in luxuriösen Strandresorts in Acapulco oder exklusiven Clubs (Caro Quintero mit blauem Helm)

EIN LEBEN VOLLER PARTYS, LUXUS UND GEWALT

Welt geprägt vom Schmuggel. Über sie werden Tag für Tag verschiedenste Waren verschoben, Markenkleidung, Fernseher, Autos, Waffen. Aber vor allem, tonnenweise, von Süd nach Nord: Drogen.

Der Ursprung dieser Schmuggelindustrie für Rauschmittel liegt in der US-amerikanischen Anti-Drogen-Politik. Ab 1914 beschließt Washington, gegen Stimulanzien wie Opium, Marihuana und Kokain vorzugehen – Stoffe, die in den USA zuvor weitgehend legal gewesen und Medikamenten, Zigaretten oder Limonaden beigemischt waren (das bekannteste Beispiel: Coca-Cola, worin lange ein Extrakt aus Kokablättern enthalten ist). Nun verabschiedet die Regierung nach und nach Gesetze gegen sie. Den Schwarzmarkt, der daraufhin rasant wächst, bedient vor allem Mexiko, wo das warme Klima Opium und Marihuana hervorragend gedeihen lässt und der Staat zu schwach ist, um das illegale Geschäft zu unterbinden. Im Gegenteil: Er steigt bald mit ein.

Denn die Regierung, die sich nach den Wirren der Revolution (siehe Seite 100) ab 1920 etabliert, kontrolliert in Wirklichkeit nicht das ganze Land; ihr Einfluss franst mehr und mehr aus, je weiter man sich von Mexiko-Stadt entfernt. Die Gouverneure der Randgebiete herrschen zum Teil nach eigenem Gutdünken. Oft sind es ehemalige Generäle, die die Regierung nach den Revolutionskriegen in die Provinz abgeschoben hat, um den Einfluss der Offiziersklasse in Mexiko-Stadt zu schmälern.

Im Gegenzug gewährt sie den Lokalfürsten, sich in ihrem Einflussbereich an lukrativen Geschäften zu beteiligen, auch an illegalen. Und kaum etwas wirft derart gute Gewinne ab wie der Drogenhandel.

Gegen Tributzahlungen lassen die Gouverneure und deren Gefolgsleute die Schmuggler unbehelligt und profitieren so von den Gesetzen, mit denen Washington gegen Rauschmittel vorgeht, von 1920 bis 1933 mit der Prohibition zwischenzeitlich sogar gegen Alkohol. Sie verdienen mit an

ALS NACH DEM MORD an Enrique Camarena in Mexiko Ermittlungen gegen Caro Quintero anlaufen, setzt er sich im März 1985 mit seiner jungen Geliebten nach Costa Rica ab, bezieht dort eine Villa (l.), in der er sich in Sicherheit wähnt

den Autos, die mithilfe in der Seitenverkleidung versteckter Tanks Hunderte Liter Schnaps in die USA bringen (die Grenzbeamten schaukeln ihnen verdächtige Fahrzeuge und lauschen, ob etwas schwappt). An den Karawanen von Trägern, die Körbe voller Drogen durch unter der Grenze hindurchlaufende Tunnel schleppen. Oder an den Booten, die mit der illegalen Ware über den Rio Grande nach Norden fahren.

Die mexikanische Regierung gründet 1947 auf Druck Washingtons eine neue landesweite Ermittlungs- und Sicherheitsbehörde: Die Dirección Federal de Seguridad (DFS) hat viele Aufgaben. Sie soll unter anderem Kommunisten bekämpfen. Und den Rauschgiftstrom in die USA austrocknen. Aber außer der Zerstörung einiger Plantagen passiert diesbezüglich nicht viel. Und ganz in der Tradition der Gouverneure treten auch die meisten DFS-Bosse bald als Teilhaber des Drogenhandels auf, die etwas abhaben möchten von den Gewinnen.

Nach und nach vereinbaren sie mit den Produzenten und Schmugglern strategisch günstig gelegene Grenzübergänge, sogenannte *plazas*, über die die Lieferungen zu laufen haben, kassieren für jede Fuhre ab. Wer sich weigert zu zahlen oder sie zu hintergehen versucht und auffliegt, den lassen sie festnehmen oder ermorden. Und präsentieren die in solchen Fällen beschlagnahmten Rauschmittel als Beleg ihres mühevollen Kampfes gegen die Drogen.

Die Plantagen in Mexiko, auf denen Marihuana oder Opium wächst, sind damals noch vergleichsweise klein. Oft säen einzelne Familien auf den Feldern ihrer Höfe die durch die US-amerikanischen Verbote lohnenswert gewordenen Pflanzen aus und bessern so ihr Einkommen auf. Auch die Schmuggler beschränken sich meist noch auf kleine Gebiete, auf einzelne Routen, üblicherweise in der Region, aus der sie stammen.

Auf das Plaza-System und die damit einhergehende Herausforderung, neben den lokalen Machthabern auch noch die DFS-Leute schmieren zu müssen (sowie mittelbar die korrupten Politiker aus Mexiko-Stadt, die deren Spiel decken), reagieren die Produzenten und Schmuggler mit ersten Zusammenschlüssen.

Es sind bei Weitem noch keine Kartelle, die so entstehen. Aber die Plantagenbesitzer und Drogenschieber beginnen zu verstehen, dass sie bessere Chancen haben,

DER AUFSTIEG der mexikanischen Narcos ist nur möglich wegen der enormen Nachfrage nach Drogen aus den USA. In Städten wie Miami nimmt der Konsum von Kokain ab den 1970er Jahren stark zu decken. Und weil Fahnder Anfang der 1970er Jahre zudem die „French Connection" (korsische Banden, die Rohopium in der Türkei erwerben, es zu Heroin verarbeiten und per Schiff von Marseille nach New York bringen) zerschlagen, strömt bald auch mehr und mehr „Mexican mud" in die Vereinigten Staaten, ungewöhnlich dunkles, in Farbe und Konsistenz an Teer erinnerndes Heroin.

Die Männer, die mit Drogen ihr Geld verdienen, heißen in Mexiko bis dahin *gomeros*, Gummimänner (wegen der zähen, weißen Flüssigkeit, die aus den angeritzten Mohnblüten fließt, der Grundstoff für Opium und Heroin). Nun aber kommt ein neuer Name auf für die Akteure des sich ausweitenden Geschäfts: *narcotraficantes*, kurz *narcos*.

Für den konservativen US-Präsidenten Richard Nixon ist der Erfolg der Narcos ein Gräuel – nicht nur aus Sorge um die öffentliche Gesundheit, sondern auch, weil er die drogenfreudige Hippiebewegung als kulturellen Niedergang und politische Bedrohung begreift. 1971 erklärt er die Rauschmittel zum „Staatsfeind Nummer eins", gründet zwei Jahre später die Drug Enforcement Administration (DEA) und gibt ihr die Aufgabe, „einen uneingeschränkten globalen Krieg gegen die Drogengefahr zu führen". Dies ist fortan der Daseinszweck der neuen Behörde: ein permanenter Kampf gegen das Rauschgift.

Auf seine mexikanischen Kollegen übt Nixon Druck aus, endlich etwas zu unternehmen gegen die mittlerweile Zehntausende Opium- und Marihuanaplantagen. Drängt sie, die Felder mit Entlaubungsmitteln zu besprühen (was die Mexikaner mit Hinweis auf die verheerenden gesund-

das Kräftemessen mit dem Staat zu ihren Gunsten zu gestalten, wenn sie ihr Geschäft größer aufziehen, nicht regional, sondern landesweit, nicht isoliert, sondern vernetzt. Die DFS macht so die Branche stärker, die sie eigentlich bekämpfen soll – und deren Wachstum sich zunehmend beschleunigt.

○

IN DEN 1960ER JAHREN, der Zeit der Studenten- und Hippiebewegung, wandelt sich Marihuana für Millionen junger US-Amerikaner zu einem Symbol. Der Joint ist nun nicht mehr nur Quell des Rausches, er steht zudem für politische Rebellion, für ein anderes, freieres Leben. Die Folge: Es wird gekifft wie nie. Und der Großteil der Droge kommt aus Mexiko, wo im ganzen Land neue Plantagen entstehen, um den Bedarf des nördlichen Nachbarn zu

heitlichen Folgen des im Vietnamkrieg eingesetzten Agent Orange zunächst ablehnen). Verschärft über Wochen die Kontrollen an der Grenze derart heftig, dass sich auf mexikanischer Seite kilometerlange Staus bilden. Und bewirkt so schließlich, dass Mexiko eine gewaltige, maßgeblich von Washington finanzierte militärische Kampagne gegen die Narcos startet: die „Operation Condor".

Der autoritär, praktisch als Staatspartei regierende „Partido Revolucionario Institucional" (PRI) begreift die Aktion auch als Möglichkeit, gleichzeitig gegen politische Gegner in ländlichen Gebieten vorzugehen. Und macht die Operation Condor so zu einem äußerst brutalen Feldzug.

KOKAIN IST DIE DROGE der Disco-Ära. Im legendären New Yorker Club »Studio 54« (u. l.) verkaufen die Besitzer das weiße Pulver an ihre Gäste. Ein Großteil des Rauschmittels wird über Florida (hier South Beach bei Miami) in die USA geschmuggelt

1975, Nixon ist mittlerweile über den Watergate-Skandal gestürzt, sendet Mexiko-Stadt Zehntausende Soldaten aus, vor allem in das „Goldene Dreieck" in den Bundesstaaten Sinaloa, Durango und Chihuahua, wo besonders viele illegale Plantagen gedeihen. Wie eine Soldateska fallen die Truppen in Hunderte Dörfer ein, schlagen und vergewaltigen, malträtieren mit Elektroschocks, spritzen Chiliwasser in die Nasen und Augen ihrer Opfer. Sie beschlagnahmen gewaltige Mengen an Drogen, zerstören unzählige Felder; Flugzeuge besprühen weite Flächen der Region mit Herbiziden.

Nach der Gründung der DFS ist die Operation Condor, die bis 1977 läuft, die zweite große Anti-Drogen-Maßnahme, zu der die USA den mexikanischen Staat drängen. Und zum zweiten Mal macht sie die Seite stärker, gegen die sie sich richtet.

So mag der Einsatz des Militärs, den US-Präsident Jimmy Carter als „vorbildliches Programm" lobt, den Rauschgiftstrom in die Vereinigten Staaten kurzfristig schmälern. Doch er trifft vor allem Bauern und eher unwichtige Narcos. Die großen Akteure hingegen, gut verbunden mit den mexikanischen Behörden, bleiben weitgehend verschont.

1985 | Drogenkartelle

DER MANN, DER DAS
WEISSE PULVER
BRINGT

MIGUEL ÁNGEL FÉLIX GALLARDO ist der mächtigste Anführer des Guadalajara-Kartells. Der ehemalige Polizist dominiert das besonders lukrative Kokaingeschäft

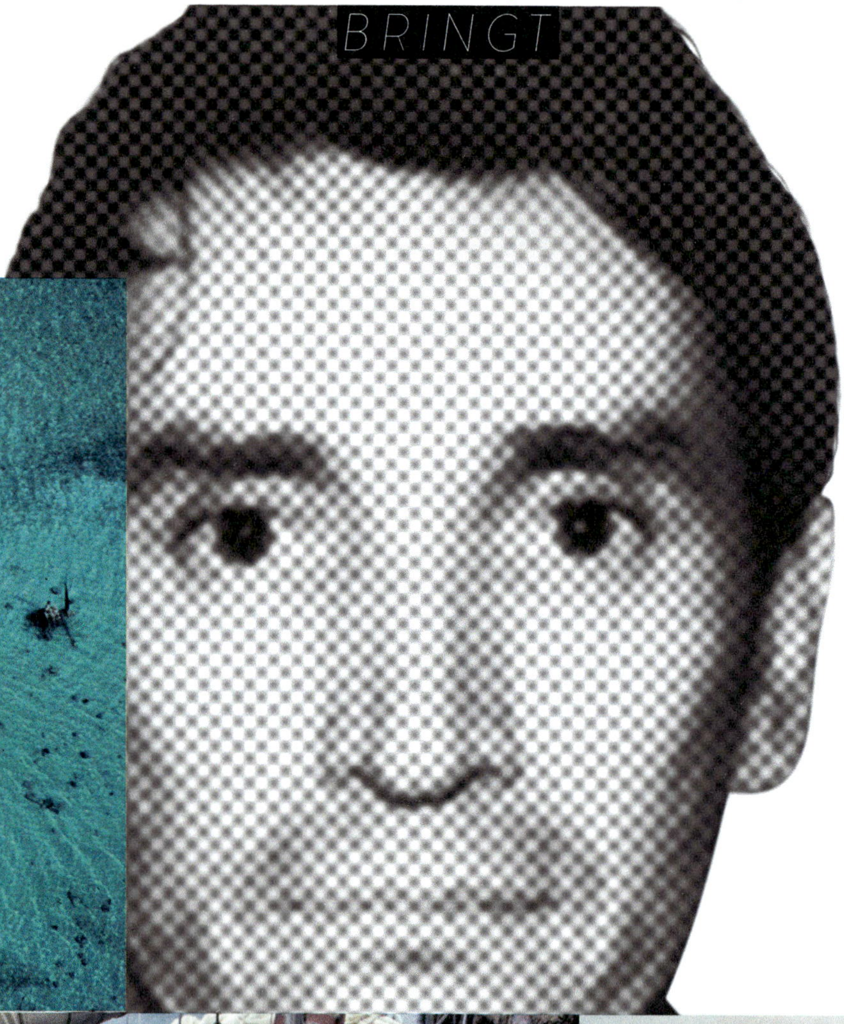

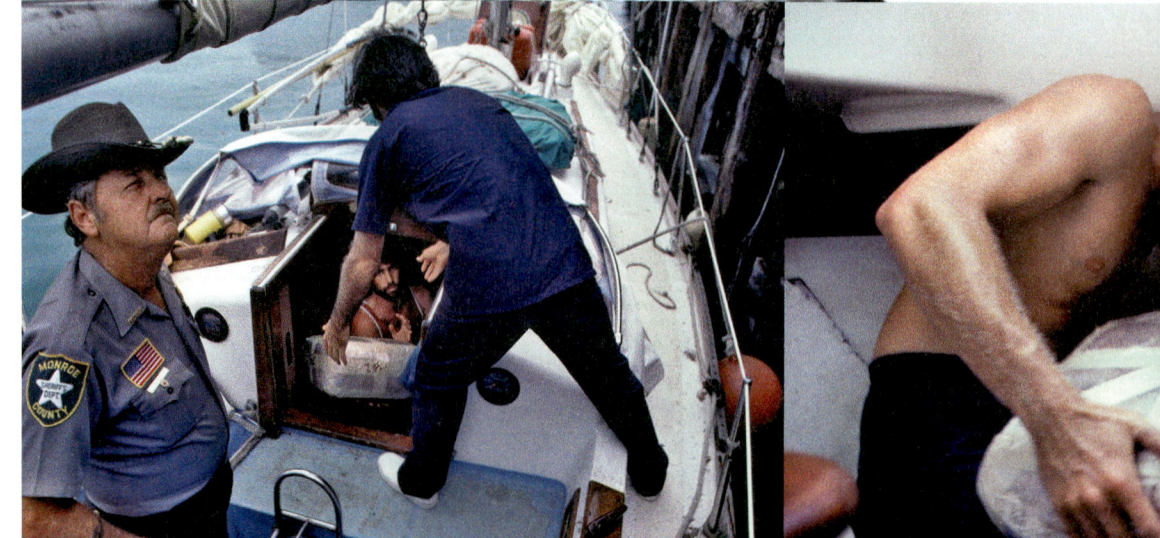

Sie ziehen von Sinaloa, dem bisherigen Hauptgebiet des Drogenhandels, südwärts in den Bundesstaat Jalisco, kaufen Villen in dessen Kapitale Guadalajara, der zweitgrößten Stadt des Landes. Und machen sich daran – durch die Operation Condor kleiner Konkurrenten entledigt –, ihr Geschäft von der neuen Operationsbasis aus zentralisierter aufzuziehen denn je.

Einer der Neuankömmlinge in Guadalajara ist Rafael Caro Quintero. Der Bauernsohn mit einem Jahr Schulbildung hat sich im Marihuanahandel einen Namen gemacht. Er ist dabei, in der Weite des dünn besiedelten, nördlich von Sinaloa liegenden und an die USA grenzenden Bundesstaates Chihuahua eine Plantage aufzubauen, wie sie die Welt noch nicht gesehen hat. Die Ranch „El Búfalo", 1000 Hektar groß, soll eine Cannabisfabrik werden, nicht zu vergleichen mit den Familienbetrieben früherer Tage. Bei ihrem Aufbau helfen Quintero sehr wahrscheinlich DFS-Leute, die an seinen Erfolgen mitverdienen.

In Guadalajara tut sich Quintero mit zwei anderen Top-Narcos aus Sinaloa zusammen. Ernesto Fonseca Carrillo, seit Jahrzehnten im Geschäft und die Nummer eins im Heroinhandel. Und Miguel Ángel Félix Gallardo, ehemals Polizist und persönlicher Leibwächter des Gouverneurs von Sinaloa. Von allen Narcos hat Félix Gallardo die vielleicht besten Kontakte zu den mexikanischen Behörden. In Guadalajara festigt er das Plaza-System, etabliert neue Routen, um möglichst viel jenes Rauschmittels in die USA zu bringen, das seit Neuestem die besten Profite abwirft: Kokain.

Die Nachfrage nach dem weißen Pulver schnellt in den Vereinigten Staaten ab Mitte der 1970er Jahre in die Höhe: als Droge der Wahl Millionen junger Menschen, die in Clubs zu Discomusik tanzen, die hedonistisch sind, sich selbst und die Aufstiegsversprechen des Kapitalismus feiern.

Die Coca-Sträucher, aus denen Kokain gewonnen wird, wachsen in Mexiko aber längst nicht so gut wie im Höhenklima der südamerikanischen Andenstaaten. Und so unterhält Félix Gallardo Kontakte zu den kolumbianischen Kartellen, die die verlässlichen mexikanischen Schmuggelrouten nur zu gern nutzen, auch wenn sie dafür einen Teil ihrer Profite abtreten müssen. Ihm kommt dabei zugute, dass Washington die Küste Floridas, über die die Kolumbianer bisher das Gros ihrer Ware in die USA gebracht haben, ab Beginn der 1980er Jahre stärker überwachen lässt: So kann Félix Gallardo zunehmend aus einer Position der Stärke verhandeln, mehr Geld fordern sowie tonnenweise Kokain, das er und seine Kompagnons wiederum auf eigene Rechnung in den Norden verkaufen.

Mit ihrer geballten Marktkraft und ihrem Netzwerk drängen Caro Quintero, Fonseca Carrillo und Félix Gallardo andere Top-Narcos an den Rand. Sie schaffen eine Art Monopol oder, wie die US-Behörden (und nicht die Narcos selbst) bald sagen: das Guadalajara-Kartell, Mexikos erstes Drogenkartell.

Um das Geld, das nun massenhaft in ihre Taschen fließt, reinzuwaschen, es in scheinbar legales Vermögen umzuwandeln, investieren die drei Bosse in Hotels, Boutiquen, Autohäuser, Restaurants, Diskotheken, gewaltige Anwesen. Und bedenken immer auch ihre Günstlinge bei der Polizei, der Justiz, in der Politik. Caro Quintero schenkt korrupten Staatsdienern gern einen Mercury Grand Marquis. In den Straßen Guadalajaras fahren bald etliche der US-Nobellimousinen. Auch die Narcos bevorzugen Karossen aus den Vereinigten Staaten, Fonseca Carrillo etwa einen himmelblauen Ford Mustang.

Begleitet werden sie meist von Leibwächtern, von denen manche gleichzeitig bei der DFS arbeiten. Viele der Drogenhändler tragen mittlerweile selbst DFS-Marken. Die Abzeichen öffnen Türen und helfen, sollte man doch mal auf aufrechte Polizisten treffen. Die Grenze zwischen der Behörde und den Narcos ist nebelverhangener denn je.

So ist Guadalajara ein wahres Narco-Paradies, als im Juli 1981 ein neuer Ermittler in die Stadt kommt: DEA-Agent Enrique „Kiki" Camarena.

Camarena, Falkennase, markantes Kinn, ernster Blick, ist ein Mann, von dem seine Frau sagt, er wolle „immer alles richtig machen". Der Sohn mexikanischer Einwanderer ging nach der Highschool zu den US Marines, weil er eine harte Ausbildung wollte, arbeitete anschließend als Feuerwehr-

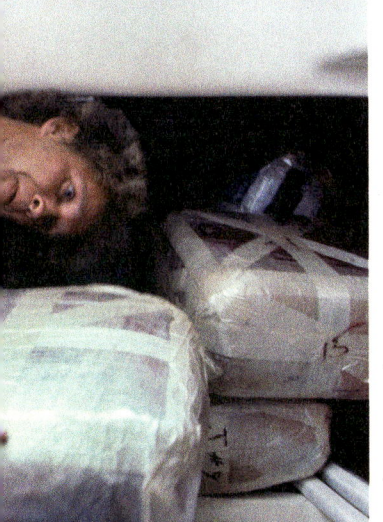

IM LAUFE DER 1980er Jahre verschärfen die US-Fahnder die Kontrollen in Florida, wo die Rauschmittel oft per Flugzeug oder Boot ankommen. Das führt aber nur zur stärkeren Nutzung von Festlandrouten

mann und Polizist. 1974 wechselte er zur DEA – die damals gerade gegründete Einheit suchte händeringend nach spanischsprachigen Agenten, die die mexikanische Drogenszene unterwandern können. In seinen ersten Jahren als *special agent* hat Camarena ein besonderes Talent dafür bewiesen, Informanten zu gewinnen. Nun sehen seine Vorgesetzten den 34-Jährigen als reif an für den Einsatz in der Narco-Hauptstadt, in der das Guadalajara-Kartell regiert.

Das erweitert sein weitgespanntes Netzwerk derweil um einen unwahrscheinlichen Partner: die Central Intelligence Agency, kurz CIA. Der Auslandsgeheimdienst der USA unterstützt ab 1981 nicaraguanische Rebellen, die sogenannten *Contras*, die einen Guerillakrieg gegen das von Moskau protegierte sozialistische Regime in ihrem Land führen. 1982 verbietet der US-Kongress, der wegen des Engagements in Nicaragua einen Konflikt mit der Sowjetunion befürchtet, die Hilfen. Doch die Regierung unter Ronald Reagan verfolgt den eingeschlagenen Kurs gegen alle Widerstände weiter. Und lässt die CIA über Mittelsmänner nach Wegen suchen, die Restriktionen zu umgehen. So knüpft der Geheimdienst unter anderem Kontakte zum Guadalajara-Kartell, macht eine Ranch von Caro Quintero zum militärischen Trainingszentrum für die Contras.

Dorthin bringen Flugzeuge aus den USA Waffen – und kehren mit Drogen beladen zurück, stillschweigend gebilligt von der CIA. Der Geheimdienst trägt so dazu bei, dass das Kartell seine Ware in die Vereinigten Staaten bringt, unter der Maßgabe, dass die Narcos einen Teil ihrer Gewinne für die Ausbildung und Ausrüstung der Contras abführen. (1988 wird eine Untersuchungskommission unter Führung des späteren US-Außenministers John Kerry den Skandal aufdecken.)

Möglich, dass auch Camarena Gerüchte über die Ranch hört, auf der Guerillatruppen trainieren. Trotz aller Widrigkeiten gelingt es dem Undercover-Agenten sogar in Guadalajara, an Informationen zu kommen, Kontakte aufzubauen zu Männern, die für das Kartell arbeiten. Doch er ist frustriert von der offensichtlichen Verbrüderung von DFS und Narcos, bombardiert seine Vorgesetzten mit Beschwerden über die Zustände. Als DEA-Agent darf er in Mexiko keine Razzien anordnen, niemanden verhaften, auch keine Dienstwaffe tragen. Er ist angewiesen auf seine – meist korrupten – mexikanischen Kollegen.

Als er 1984 Hinweise bekommt über eine angeblich gigantische Marihuanaplantage namens „El Búfalo", wiegelt die DFS ab: Ohne eindeutige Beweise könne man da nichts machen.

Camarena chartert eine kleine Propellermaschine, lässt sich über das Gebiet fliegen, in dem die Plantage liegen soll – und erblickt schließlich, mitten in der kargen, trockenen Weite Chihuahuas, eine Anlage, die alles übertrifft, was er und seine Kollegen bis dahin kannten. El Búfalo ist größer als 1000 Fußballfelder. Rund 10 000 Landarbeiter ernten dort unter sklavenähnlichen Umständen tonnenweise mithilfe modernster Bewässerungstechnik angebautes Marihuana, legen es in 25 Hallen zum Trocknen aus. In einem Jahr produziert die Plantage Ware im Wert von geschätzt acht Milliarden Dollar – genug, um den gesamten Bedarf der USA zu decken.

Aus dem Flugzeug macht Camarena Fotos, präsentiert sie der mit der DFS konkurrierenden mexikanischen Kriminalpolizei und bringt die Behörden so schließlich doch zum Handeln. Im November 1984 stürmen 450 Soldaten die riesige Ranch, zerstören die Felder und verbrennen Berge von Marihuana. Die Rauchsäulen sind viele Kilometer weit zu sehen.

Caro Quintero ist außer sich – und setzt seine Männer darauf an, die Verantwortlichen für die Razzia auszumachen. Der Schlag gegen die Plantage ist für El Príncipe ebenso unerwartet wie heftig. Wohl nicht zuletzt wegen seines regelmäßigen Kokainkonsums mischt sich in seine ohnehin schon aufbrausende, unberechenbare Art nun eine gute Prise Verfolgungswahn. Er sieht in jedem hellhäutigen US-Amerikaner, jedem von den Mexikanern so genannten *gringo*, einen DEA-Agenten, steckt auch Fonseca Carrillo mit seiner Paranoia an. Als zwei US-amerikanische Paare, Zeugen Jehovas, Anfang 1985 in Guadalajara an Türen klopfen und Gottes Botschaft verkünden, greifen, verhören und töten die Narcos sie, obwohl die Missionierenden völlig ahnungslos und offensichtlich keine Ermittler sind.

Wenig später laufen zwei US-Amerikaner eines Abends zufällig in ein Fischrestaurant, in dem Caro Quintero und Kollegen in geschlossener Gesellschaft beraten. Dass die zwei in ihre Besprechung platzen, kann kein Zufall sein, meint Caro Quintero. Doch auch unter den Eispickelhieben, mit denen er und seine

DIE KARTELLE nutzen für den Drogenschmuggel oft Tunnel, die unter der Grenze zwischen Mexiko und den USA hindurchlaufen

Handlanger die Unglücklichen in der Küche traktieren, wollen die beiden Touristen einfach keine DEA-Geheimnisse preisgeben. Ihre Leichen findet man Wochen später.

Die für ihn folgenlosen Morde an den vermeintlichen US-Agenten mögen dazu beitragen, dass Caro Quintero kaum zögert, als ihm seine Informanten Camarena als Kopf hinter der El-Búfalo-Razzia präsentieren. Er und Fonseca Carrillo beschließen, den Agenten zu entführen, und schicken am 7. Februar 1985 ihre Leute nach ihm aus.

ENRIQUE CAMARENA IST GERADE auf dem Weg in sein Lieblingsrestaurant, wo er mit seiner Frau zum Mittagessen verabredet ist, als ihn gegen 14 Uhr vier Männer abpassen, am helllichten Tag, mitten im Zentrum Guadalajaras. Einer von ihnen zeigt eine DFS-Marke und sagt, sein Vorgesetzter wolle ihn sprechen. Als Camarena erwidert, da müsse er seinen DEA-Kollegen per Funk Bescheid geben, dass er später als geplant zurück ins Büro komme, zückt der andere eine Waffe und befiehlt ihm, in das Auto der Männer einzusteigen.

Später werden Aussagen von Angeklagten vor Gericht, von Informanten der DEA sowie Ermittlungen den Tathergang nachvollziehbar machen.

Auf der Rückbank nehmen die Entführer Camarena in die Mitte, drücken seinen Kopf nach unten, verbinden ihm die Augen, legen eine Jacke über ihn und fahren die wenigen Kilometer zum Hauptquartier des Kartells. Dort bringen sie ihn in ein Schlafzimmer, fesseln ihm die Hände auf den Rücken und beginnen ein Verhör. Als der mittlerweile ebenfalls eingetroffene Oberboss Miguel Ángel Félix Gallardo hört, der US-Agent habe ihn als Hauptziel der DEA genannt, geht er selbst in den Raum, um Camarena zu befragen.

Weil Fonseca Carrillo sich fiebrig fühlt, beschließt er, nach Hause zu fahren und sich hinzulegen. Beim Abschied ermahnt er Caro Quintero, Camarena nicht allzu übel zuzurichten. Seine Idee ist offenbar, den Agenten wieder laufen zu lassen, nachdem sie ihn eingeschüchtert und Informationen aus ihm herausgequetscht haben.

IMMER WIEDER verbrennen mexikanische Polizisten und Soldaten konfiszierte Drogen. Doch viele Beamte sind korrupt, arbeiten mit den Narcos zusammen

Doch die Situation wird unübersichtlicher, als Caro Quintero – aus welchen Gründen auch immer – den Standort

wechselt, Camarena in eine andere, ruhiger gelegene Villa des Kartells in der Nähe bringen lässt. Dort sind Dutzende Personen: weitere Narco-Bosse mit Leibwächtern, angeblich auch DFS-Leute und – nach nie bewiesenen Angaben von Kartellmitgliedern – ein Mittelsmann der CIA. Alkohol fließt, Kokain wird geschnupft.

In dem Haus, so scheint es, verdichtet sich jene Dreiecksbeziehung zwischen Drogenhändlern, dem mexikanischen Staat und den USA, die die Rauschmittelindustrie in Mexiko seit Langem prägt. Und erweist sich – wie an so vielen Orten im Land – als mörderisch.

Die Narcos führen Camarena in einen kleinen Raum, fahren mit der Befragung fort. Die Nacht kommt. Einer der Verhörer hat ein Aufnahmegerät aufgestellt, manche Bänder tauchen später wieder auf. Auf ihnen hört man verschiedene Männer Fragen an Camarena richten. Was er über die Kontaktmänner von Caro Quintero und Fonseca Carrillo bei den mexikanischen Bundesbehörden wisse. Über die Rolle der CIA. Camarena erwidert, er würde ja antworten, habe aber solche Informationen nicht. Er bittet, seine Frau und seine drei Söhne zu verschonen. Man hört sein Flehen, ihm nicht weiter wehzutun. Seine Schreie.

Es ist nicht klar, wer Camarena die Zähne ausschlägt. Ihm den Kiefer bricht, die Rippen, den Schädel. Sein Gesicht verbrennt, seinen After verletzt. Mehrmals spritzt ein Arzt ihm Amphetamine, um den Gepeinigten aus der Bewusstlosigkeit zu holen. Damit weitere Fragen gestellt werden können, auch als darauf nur noch Stöhnen kommt, Röcheln, flaches Atmen.

Nach mehr als 30 Stunden Folter hört das Herz von Enrique „Kiki" Camarena auf zu schlagen.

Fonseca Carrillo tobt, als er am Abend des 8. Februar vom Tod des Agenten erfährt. Angeblich kommt es im Hauptquartier des Kartells zwischen ihm und Caro Quintero deswegen fast zu einer Schießerei, stehen sich beide schon mit gezogenen Waffen gegenüber, bevor Don Neto in seinem Mustang davonbraust. Der erfahrene Narco scheint zu ahnen, dass sie dieses Mal zu weit gegangen sind.

Als Camarenas in Plastik eingewickelte Leiche am 5. März rund anderthalb Autostunden südöstlich von Guadalajara gefunden wird (unklar, warum die Täter sie nicht gänzlich verschwinden lassen), berichten US-amerikanische Zeitungen, Fernseh- und Radiosender über den Mord, die Entführung, die Folter. „Unsere Toleranzschwelle wurde überschritten", gibt Washingtons Außenminister George Shultz zu Protokoll. US-Präsident Ronald Reagan kondoliert Camarenas Frau am Telefon und versichert ihr: Er werde alles tun, um „diese Monster", die hinter dem Tod des Agenten stünden, zur Strecke zu bringen.

Die DEA startet die größte Operation ihrer Geschichte, schickt ihre besten Männer nach Guadalajara, um die Umstände der Tat zu ermitteln. Bald sind die Beweise gegen Caro Quintero und Fonseca Carrillo so offensichtlich, ist der Druck aus Washington (das abermals die Grenzkontrollen verschärft) so groß, dass die mexikanische Regierung nicht anders kann und sie zur Fahndung ausschreibt.

Caro Quintero setzt sich nach Costa Rica ab. Dortige Anti-Terror-Einheiten stürmen am 4. April sein Anwesen, überraschen den halbnackten Drogenbaron im Bett, neben ihm seine 17-jährige Geliebte, die Tochter des Bildungsministers des Bundesstaates Jalisco, und sein mit Diamanten verzierter Colt. Nach seiner Rückführung nach Mexiko gibt er eine Pressekonferenz, lächelt, scherzt, flirtet mit einer Reporterin. Den Tod des ihm unbekannten Enrique Camarena bedaure er, schreckliche Geschichte. Er habe noch nie jemandem etwas zuleide getan, und er plane auch nicht, das jemals zu ändern.

Wenige Tage später stellt eine Spezialeinheit der Armee Don Neto in einer Villa im mondänen Küstenort Puerto Vallarta. Nach kurzem Schusswechsel ergeben sich der auf der Flucht angeblich dauerbetrunkene Kartellboss und seine Leibwächter. Bei seiner Ankunft im Gefängnis von Guadalajara hebt der sonnenbebrillte Narco die rechte Hand zum Victory-Zeichen.

Sollten er und Caro Quintero darauf vertrauen, dass die alten Mechanismen am Ende doch noch greifen, sie als freie Männer aus dem Gerichtssaal gehen werden, so täuschen sie sich: Ihre staatlichen Verbündeten haben sie wegen des Drucks aus Washington fallen lassen, sie bekommen beide die Höchststrafe, 40 Jahre Haft. Zwei der drei Könige von Guadalajara sind gestürzt.

Nur den für sie einträglichsten Narco wollen die korrupten mexikanischen Politiker und Polizisten partout nicht opfern. Miguel Ángel Félix Gallardo, dessen Schuld im Mordfall Camarena weniger klar ist als die seiner Kompagnons, darf sein Geschäft bis 1989 weiterbetreiben. Erst dann beugen sich die Behörden dem Drängen Washingtons, dessen Agenten über die Jahre weitere Beweise gesammelt haben, und nehmen den Jefe de Jefes ins Visier. Seine Verhaftung im April 1989 preisen sie als Ergebnis herausragender Ermittlungsarbeit; Félix Gallardo dagegen wird später angeben, ein alter Freund bei der Bundespolizei habe ihn unter dem Vorwand eines gemeinsamen Essens in ein Restaurant eingeladen, wo dann der Zugriff geschehen sei.

Auch er bekommt 40 Jahre. Damit ist das Guadalajara-Kartell, Mexikos erste große und in den 1980er Jahren alles dominierende Drogenorganisation, führungslos.

○

DOCH WAS WIE EIN SIEG über die Narcos wirken mag, ist in Wirklichkeit der Ursprung einer neuen, noch weitaus blutigeren Phase der organisierten Kriminalität in Mexiko. Denn das Ringen darum, wer fortan die Nachfrage aus dem Norden bedienen darf, stürzt Mexiko in jene Katastrophe, die später unter dem Begriff „Drogenkrieg" bekannt werden wird.

Wenige Wochen nach Gallardos Festnahme treffen sich regionale Narco-Führer, die bisher eine Stufe unter dem Guadalajara-Triumvirat standen, in Acapulco zu einem Gangstergipfel. Sie teilen Mexiko (und die zu den jeweiligen Territorien gehörenden Plazas) unter sich auf. So bilden sich aus den Fragmenten des zerfallenden Guadalajara-Imperiums: das Tijuana-Kartell, das Sinaloa-Kartell, das Sonora-Kartell, das Juárez-Kartell, das Golf-Kartell.

Die neuen Organisationen haben hervorragende Startbedingungen. Denn Mexiko durchleidet seit einigen Jahren eine massive Wirtschaftskrise. Ausgelöst durch den Verfall des Ölpreises, ist das Land nach Jahrzehnten des Wachstums in eine heftige Rezession gerutscht. Tausende Firmen gehen pleite, mehr als eine Million Menschen verlieren ihre Arbeit. Der hoch verschuldete Staat kürzt Sozialleistungen, an den Rändern der großen Städte wuchern die Slums. Die 1980er Jahre gehen in die mexikanische Geschichte ein als *decada perdida*, „verlorenes Jahrzehnt".

Für die Kartelle bedeutet dies: Noch mehr Bauern als zuvor sehen im Hanf- und Mohnanbau den einzigen Weg zu überleben; die allgemeine Kriminalität steigt rasant, die unterfinanzierte und korrupte Polizei hat dem wenig entgegenzusetzen, ein Klima der Gesetzlosigkeit macht sich breit; aus dem Heer der Arbeitslosen lassen sich gut Fußsoldaten gewinnen. Truppen, die sich bald gegeneinander wenden.

LITERATURTIPPS

ANABEL HERNÁNDEZ
»Narcoland – The Mexican Drug Lords and Their Godfathers«
Ein Buch, in dem Jahre investigativer Recherche stecken (Verso).

CARMEN BOULLOSA UND MIKE WALLACE
»¡Es reicht! Der Fall Mexiko: Warum wir eine neue globale Drogenpolitik brauchen«
Überblickswerk und Abrechnung zugleich (Verlag Antje Kunstmann).

Denn die in Acapulco geschlossene Übereinkunft währt nur kurz. Obwohl die Gewinne sprudeln wie nie, können sich viele Bosse nicht damit abfinden, lediglich ein Kartell von vielen anzuführen. Sie streben nach Dominanz. In den 1990er Jahren beginnen die ersten Revierkämpfe zwischen den Organisationen – und weiten sich je nach Konstellation an wechselnden Schauplätzen fortan zu kriegsähnlichen Zuständen aus, bei denen die Kontrahenten auf offener Straße mit (meist in den USA gekauften) Schrotflinten, Sturmgewehren, Splittergranaten und Panzerfäusten aufeinander losgehen.

Dabei versuchen sich die Bosse durch Grausamkeit zu profilieren. Sie enthaupten ihre Gegner, ziehen ihnen die Haut ab, legen die Leichen in der Öffentlichkeit ab, oft versehen mit Zetteln oder Schildern, auf denen Drohungen stehen. Die sogenannten *narcomensajes*, „Narco-Botschaften", sollen den Feind einschüchtern, seien es andere Kartelle oder die Behörden.

Denn nicht nur untereinander brechen die Narcos vereinbarte Regeln: Sie kündigen auch die über Jahrzehnte gewachsene Kumpanei mit dem Staat auf, das Plaza-System, nach dem sie für die Benutzung von Schmuggelrouten Anteile an Beamte und Politiker abführen und ansonsten mit Konsequenzen rechnen müssen. Eine Abmachung, die dem Drogenhandel trotz aller Verbrechen einen einigermaßen stabilen Rahmen gegeben hat. Doch mittlerweile fühlen sich die Narcos an keine noch so weit gefassten Grenzen mehr gebunden, die der Staat ihnen setzt. Sie wollen selbst bestimmen, was geht und was nicht.

So kaufen sie Beamte und Politiker, wie *sie* es wollen, und bestrafen jene, die ihr Geld nicht nehmen. In der im Nordosten des Landes gelegenen Stadt Nuevo Laredo etwa ermorden sie in nur einem Jahr sieben aufeinanderfolgende Polizeikommandanten. Dann findet sich niemand mehr für den Posten, bis ein Druckereibesitzer sich doch dazu bereit erklärt – und sechs Stunden nach Dienstantritt im Kugelhagel eines Sturmgewehrs stirbt. In Acapulco spießen Drogenhändler die Köpfe leitender Polizisten auf einem Zaun vor der Dienststelle auf – versehen mit der Narcomensaje: „Damit ihr Respekt lernt."

Das neue Prinzip heißt *plata o plomo*, „Silber oder Blei", Schmiergeld oder gewaltsamer Tod, und es hat das Kräfteverhältnis zwischen Staat und Narcos auf den Kopf gestellt.

2006 versucht der gerade gewählte Präsident Felipe Calderón, die Oberhand zurückzugewinnen. Er schickt Tausende hochgerüstete Soldaten in den besonders von der Gewalt betroffenen Bundesstaat Michoacán. Der militärische Großeinsatz gegen die Kartelle gilt in der Rückschau als der Moment, in dem der Kampf zwischen dem Staat und den Narcos endgültig zu einem Krieg wird. Denn Calderón entsendet bald weitere Truppen und Bundespolizisten in verschiedene Regionen, insgesamt rund 50 000 Mann. Sie verhaften Tausende mutmaßliche Drogendealer, beschlagnahmen viele Tonnen Kokain. Es ist eine Maßnahme, die Gewalt mit Gegengewalt bekämpft – und den Blutzoll steigen lässt.

Denn die Kartelle nehmen den Kampf an, rüsten weiter auf, feuern in teilweise stundenlangen Straßenschlachten gegen die Regierungseinheiten. Auch attackieren sie sich weiterhin untereinander. Calderóns Feldzug, der die Autorität des Staates wiederherstellen soll, gerät immer mehr zu einem andauernden Guerillakrieg mit unübersichtlichen Fronten, mit Gegnern, die oft in kleinen, sich ständig ändernden Gruppen agieren und vielerorts kaum von der zivilen Bevölkerung zu unterscheiden sind.

Zudem bedeutet der Schlag gegen ein Kartell den Vorteil eines anderen. Stürzt ein Narco-Boss, kommt der nächste, nicht selten Sieger eines brutalen Nachfolgestreits und noch skrupelloser als sein Vorgänger; oder die Organisation spaltet sich in Fraktionen, deren Konkurrenz wiederum neue Gefechte entfacht.

Ihr Kampf gegen die Narcos muss den Staatsdienern vorkommen wie ein Ringen gegen die Hydra, das mehrköpfige Monster aus der griechischen Mythologie, dem zwei Häupter nachwachsen, sobald es eines verliert. Kaum jemand hält das auf Dauer durch. Die meisten mexikanischen Polizisten und Soldaten quittieren nach nicht allzu langer Zeit den Dienst, lassen sich bestechen oder wechseln gleich ganz auf die andere Seite.

Wie sollen sie auch siegen? Die Nachfrage aus dem Norden, die Armut und Korruption im Süden: Die Ursachen der mexikanischen Drogen- und Schmuggelindustrie sind dieselben geblieben, seit Washington ab 1914 begonnen hatte, Rauschmittel zu verbieten. Die Namen der illegalen Stoffe mögen sich geändert haben, synthetische Drogen wie Methamphetamin und Fentanyl mittlerweile wichtiger für die Kartelle sein als Marihuana, Kokain und Heroin. Aber die Grundkonstellation, die unheilvolle Dreiecksbeziehung zwischen Dealern, mexikanischem Staat und den USA, besteht nach wie vor.

So steckt Mexiko bis heute in einer nicht enden wollenden Katastrophe, die mittlerweile Hunderttausende das Leben gekostet hat. Und deren volle Wucht mit ausgelöst wurde im Februar 1985: durch die Entscheidung zweier Narcos, einen DEA-Agenten zu entführen.

Mit ihrem unausgegorenen Plan haben die einstigen Könige von Guadalajara zur Entfesselung des Drogenkriegs beigetragen. Und ihren eigenen Sturz besiegelt. Anders als unzählige andere aber haben sie ihre Verbrechen nicht mit dem Leben bezahlen müssen.

Ernesto Fonseca Carrillo ist 2016, mit 86 Jahren, wegen gesundheitlicher Probleme aus dem Gefängnis gekommen und lebt in der Nähe von Mexiko-Stadt.

Rafael Caro Quintero sitzt, nachdem er zwischenzeitlich wegen angeblicher Verfahrensfehler entlassen worden war, bis heute in Haft. „Ich bin kaputt", hat er vor Jahren in einem Interview gesagt.

Auch Miguel Ángel Félix Gallardo ist nach wie vor im Gefängnis. 2021 erklärte der einstige Jefe de Jefes einer Fernsehjournalistin: Den Mord an Camarena empfinde er als „ein sehr bedauernswertes Thema".

Enrique Camarenas Familie ist nach der Bluttat zurück in die USA gegangen. Dort hat sich aus dem Gedenken an den getöteten DEA-Agenten die sogenannte „Red Ribbon Week" entwickelt: Alljährlich tragen Millionen US-Amerikaner eine Woche lang eine rote Schleife an der Kleidung – als Zeichen für einen „drogenfreien Lebensstil".

Eine Woche: Das ist der Zeitraum, in dem in den USA mehr als 2000 Menschen an einer Überdosis sterben. An Drogen, die zum großen Teil aus dem Süden kommen, Tag für Tag, tonnenweise. ◊

Lesen Sie auch »**Kokainbaron: Pablo Escobar**« (aus GEOEPOCHE Nr. 48) über den größten Drogenhändler aller Zeiten auf *www.geo-epoche.de*

IN KÜRZE

Nachdem die USA im frühen 20. Jahrhundert begonnen haben, Rauschmittel zu verbieten, bedienen mexikanische Dealer die Nachfrage des nördlichen Nachbarn illegal. Mithilfe korrupter Politiker und Polizisten wächst eine einträgliche Schmuggelindustrie. Als jedoch das führende Guadalajara-Kartell in den 1980er Jahren kollabiert, brechen Kämpfe unter den Nachfolgeorganisationen aus. Der Staat schickt Soldaten gegen sie; der bis heute tobende »Drogenkrieg« ist die Folge.

GEO

Die Welt mit anderen Augen sehen

ARTENSCHUTZ MIT ANDEREN AUGEN SEHEN

Uns und unsere Welt immer wieder neu entdecken, Zusammenhänge verstehen, Perspektiven wechseln und neugierig bleiben. Das ist GEO.

Warum Freitaucher im Mittelmeer Feuerfische jagen, lesen Sie auf geo.de/entdecken.

Foto: Christoph Gerigk

Interview

»Viele erwarten keine GERECHTIGKEIT MEHR«

Der Historiker Pablo Piccato hat sich intensiv mit der Geschichte des Verbrechens in Mexiko beschäftigt. Im Interview legt er dar, wie die organisierte Kriminalität sein Heimatland seit mehr als einem Jahrhundert prägt – und erklärt, weshalb er trotz aller Probleme Anlass zur Hoffnung sieht

INTERVIEW: _Joachim Telgenbüscher und Johannes Teschner_

GEOEPOCHE: *Herr Professor Piccato, Sie schreiben in einem Ihrer Bücher, Mexikos Gegenwart sei geprägt von "Gewalt und Straflosigkeit in einem solchen Ausmaß, dass der Name des Landes förmlich zum Synonym für Schande geworden ist". Droht Mexiko, zu einem gescheiterten Staat zu werden?*

PROF. PABLO PICCATO: Nein, so weit würde ich nicht gehen. In einem gescheiterten Staat funktionieren die Institutionen überhaupt nicht mehr, hat das organisierte Verbrechen die Macht übernommen. In Mexiko gibt es aber mehr oder weniger gut funktionierende Institutionen, das Gesundheitssystem etwa, das Wahlsystem. Für das Justizsystem gilt das indes nur mit großen Abstrichen. Etwa 85 Prozent der Beschwerden, die an Ermittlungs- und Justizbehörden herangetragen werden, werden gar nicht untersucht. Was man sagen muss: Mexikos Gesellschaft ist sehr stark von Gewalt betroffen.

Haben Sie persönlich Gewalt erlebt?

Als Jugendlicher in den 1980er Jahren in Mexiko-Stadt haben mir Polizisten auf der Straße meine Uhr weggenommen und einige andere Wertsachen. Das war damals nichts Ungewöhnliches: Die Beamten haben mich und viele andere Bürger "besteuert", wenn man so will, um ihr schlechtes Gehalt aufzubessern. Das ging in meinem Fall ohne physische Gewalt vonstatten, ich habe mich nicht gewehrt. Aber ich kenne Leute, die Opfer von Gewalt geworden sind. Fast jeder in Mexiko tut das.

Woher rührt das? Ist die mexikanische Gesellschaft gar per se besonders gewalttätig?

Mexikos Geschichte ist zwar geprägt von gewaltvollen Ereignissen, der Conquista etwa, dem Unabhängigkeitskampf, der Revolution. Aber es wäre ein Fehler, die gesamte mexikanische Gesellschaft als übermäßig gewaltbereit zu charakterisieren: Es gibt nichts an sich Gewalttätiges an der mexikanischen Kultur. Nicht mehr jedenfalls als in anderen Ländern. Die Gewalt in Mexiko ist nur besonders plakativ, sie ist oft außerordentlich grausam, richtet sich auch gegen Frauen und Kinder, und in manchen Regionen bestimmt sie den Alltag fast komplett. Und das liegt natürlich vor allem am organisierten Verbrechen, das in Mexiko von Drogenkartellen geprägt ist.

PROF. DR. PABLO PICCATO, aufgewachsen in Mexiko-Stadt, lehrt an der New Yorker Columbia University. In seinem Buch »A History of Infamy – Crime, Truth, and Justice in Mexico« analysiert er die mexikanische Vebrechenshistorie

Der Aufstieg dieser Kartelle wäre nicht möglich gewesen ohne korrupte Polizei- und Justizbehörden. Mexikanische Beamte haben mitverdient am Drogenschmuggel, ihn sogar systematisch gefördert. Wie ist dieses extreme Ausmaß der Korruption zu erklären?

Das ist die Schlüsselfrage, und um sie zu beantworten, muss man ins 19. Jahrhundert zurückgehen. Nach Mexikos Unabhängigkeit von der Kolonialmacht Spanien im Jahr 1821 war der junge Staat sehr schwach. Er hatte kein Geld, wurde hauptsächlich von Militärs kontrolliert, die sich die ganze Zeit gegenseitig bekämpften. Damals ist auch das Justizsystem, das während der Kolonialzeit noch gut ausgestattet war, quasi ausgeblutet. Es wurde erst im späten 19. Jahrhundert unter dem Diktator Porfirio Díaz wieder aufgebaut. Aber in einer Weise, die dazu führte, dass Polizisten und Richter dem Regime dienten, nicht der Gerechtigkeit, dass Gesetze nicht für alle gleichermaßen galten. Arme Mexikaner mit indigenem Aussehen waren für die Polizei fast eine Ware, sie konnten wegen Kleinigkeiten verhaftet und zu jahrelanger Zwangsarbeit verurteilt werden. Weiße, wohlhabende und gut vernetzte Mexikaner dagegen kamen so gut wie nie ins Gefängnis. Das hat die Legitimität der Behörden untergraben, den Glauben an die Justiz. Damals begann die Schieflage, unter der wir bis heute leiden.

Und die sich offensichtlich auch durch die Mexikanische Revolution und das Ende der Díaz-Diktatur nicht besserte?

Mit der Revolution hat sich die Lage insofern noch verschlimmert, als dass die mit ihr einhergehenden, vielfältigen Konflikte zu einer Fragmentierung der Polizeikräfte führten. Die Bundesregierung verfügte über ihre eigenen Polizisten, dann gab es lokale Einheiten in den Bundesstaaten, den einzelnen Städten. In ihren Regionen dienten die Polizisten dem Machterhalt des Gouverneurs oder Bürgermeisters und genossen im Gegenzug ein hohes Maß an Autonomie. Ihr Polizeiabzeichen brachte ihnen im Grunde Straffreiheit. Sie konnten illegale Dinge tun, ohne dafür belangt zu werden. Auch dieses Durcheinander der Behörden und die mangelnde Transparenz ist bis heute nicht gelöst. Das ist zentral für Korruption und Willkür. Nach der Revolution jedenfalls war es normal für die Polizei, Bürger zu „besteuern", sie also zu berauben. Und in viel größerem Maßstab passierte das dann auch mit den Drogenhändlern, als deren lukratives Geschäft ab den 1920er Jahren wuchs.

EINE DEMONSTRANTIN zeigt im Oktober 2014 Fotos von 43 Studenten, die kurz zuvor verschleppt worden sind. In den bis heute ungeklärten Fall sind mutmaßlich Drogengangster wie auch korrupte Staatsbeamte verwickelt

Das System war da schon so korrumpiert, dass die staatliche Beteiligung am Drogengeschäft zwangsläufig war?

Der Begriff korrumpiert reicht kaum aus, um die Verstrickungen zu beschreiben, durch die Offizielle vom Verbrechen profitierten. Und auf seine perfide Art und Weise hat dieses System bis zu einem gewissen Grad funktioniert. Die Drogenhändler verdienten viel Geld und mit ihnen die korrupten Polizisten, Richter und Politiker. Die Mordraten, die direkt nach der Revolution noch sehr hoch waren, gingen zurück. Das Land wurde friedlicher. Erst in den 1990er Jahren stieg die Gewalt wieder an.

Damals begannen rivalisierende Kartelle, um Territorien zu kämpfen.

Ja, bis dahin kontrollierte die Polizei die Drogenhändler, konnte sie im Großen und Ganzen zwingen, das zu tun, was sie wollte. In den 1990er Jahren aber änderte sich das Kräfteverhältnis. Die Kartelle wurden durch den boomenden Kokainhandel immer reicher, kauften nun zunehmend die Polizisten für ihre Zwecke. Und sie wurden auch gewalttätiger, bauten ihre eigenen militärischen Einheiten auf. Gnadenlos waren sie natürlich auch vorher schon, aber nun wurde Gewalt zum Kernbestandteil ihres Geschäfts. Wenn Drogenhändler einen Ort von einer anderen Gruppe übernahmen, kam es vor, dass sie alle Polizisten dieses Ortes erschossen – weil sie ahnten oder wussten, dass die Beamten für ihre Vorgänger gearbeitet hatten. Und auch untereinander bekämpften sich die Kartelle zunehmend brutal. Und das spiegelte sich in der Zahl der Menschen, die getötet wurden.

Um dem Kampf der Kartelle ein Ende zu setzen, schickte der damalige Präsident Felipe Calderón 2006 Tausende Soldaten gegen die Narcos. Das führte aber zu noch viel mehr Todesopfern, zu dem blutigen Ringen zwischen dem Staat und den Narcos, das heute als „Mexikanischer Drogenkrieg" bekannt ist.

Calderón stand sehr unter Druck, als er 2006 an die Macht kam. Viele Mexikaner meinten, sein knapper Wahlsieg sei gefälscht gewesen, und es gibt tatsächlich konkrete Hinweise dafür. Jedenfalls wollte er ein Zeichen der Stärke

ILLEGALE EINWANDERER an der Grenze zwischen Mexiko und den USA. Immer mehr Mexikaner aber kommen nicht irregulär in die Vereinigten Staaten – sondern werden angeworben als hoch qualifizierte Fachkräfte

setzen. Also hat er sich eine Militärjacke angezogen und ist zur Armeeführung gegangen und hat ihnen gesagt: Ich setze voll auf euch, ihr bekommt von mir alles, was ihr braucht. Das war weniger eine ausgeklügelte Strategie gegen die Kartelle als politisches Kalkül: Entschlossenheit demonstrieren, das Militär an sich binden.

Fairerweise muss man sagen, dass der Krieg der Kartelle ja schon im Gange war ...

Absolut. Und er wäre auch ohne Calderón weiter eskaliert. Aber die Armee ohne wirklichen Plan in diesen Konflikt hineinzuwerfen, hat sicherlich nicht geholfen. Die Soldaten konnten das Geschehen oft ja gar nicht durchschauen, verhafteten oder erschossen Leute, ohne deren genaue Rollen im System der Narcos zu kennen.

Einen anderen Ansatz gegen die Drogenkriminalität hat ab 2018 der linke Präsident Andrés Manuel López Obrador gewählt.

Und auch seine Regierungszeit war diesbezüglich ein großer Misserfolg!

Warum?

Er hat die Situation meiner Meinung nach falsch eingeschätzt. Im Grunde genommen war seine Sicht: Lasst uns keine Gewalt erzeugen, indem wir zu aggressiv mit dem Problem umgehen. Wenn wir uns stattdessen auf die soziale Situation konzentrieren, auf die Verbesserung der Bildung, der Einkommensverteilung, der Gesundheit, dann wird die Kriminalität automatisch abnehmen, die strukturellen Gründe für die Gewalt werden verschwinden. Aber so einfach ist es nicht, der soziale Ansatz allein ist nicht die Lösung.

Was ist die Lösung?

Die Lösung besteht erst mal darin, die Komplexität des Problems zu erkennen. Das klingt selbstverständlich, ist in Mexiko aber bisher nicht passiert. Man braucht fraglos den sozialen Ansatz. Man muss sich mit Ungleichheit, schlechter Bezahlung für Polizisten und daraus erwachsender Korruption auseinandersetzen. Aber man muss auch die Art und Weise überdenken, wie Strafverfolgung funktioniert. Wenn die Wahrscheinlichkeit, für einen Mord belangt zu werden, bei weniger als einem Prozent liegt, dann senkt das die Hemmschwelle. Steigt die Gefahr auf 50 Prozent, ändert das das Kalkül der Täter. Man überlegt sich zweimal, ob man jemanden erschießt. Die Gewalt wird runtergehen. Bei der Strafverfolgung wurde bisher aber viel zu einseitig auf die Exekutive gesetzt, auf mehr Training und Waffen für Soldaten und Polizisten.

Vernachlässigt wurde dagegen das Justizsystem, in meinen Augen ein großer Fehler.

Was konkret muss geschehen?

Die Justiz muss besser ausgestattet werden. Täter müssen verurteilt werden. Und darüber hinaus muss das System einheitlicher und transparenter werden, sodass die Menschen die Leistung des Staates gegen das Verbrechen besser einschätzen können. Im Moment kursieren viele Statistiken unterschiedlicher Behörden, die kaum nachvollziehbar sind und mitunter nicht zusammenpassen. Das untergräbt die Legitimität des Systems und führt dazu, dass die Menschen den Behörden nicht vertrauen.

Wie zeigt sich dieses mangelnde Vertrauen?

Um nur ein besonders trauriges Beispiel zu nennen: Viele Familien, die vermuten, dass ihre Kinder getötet wurden, gehen nicht zur Polizei. Sie erwarten keine Gerechtigkeit vom Staat. Sie erwarten gar nichts. Alles, was sie wollen, ist, die Leiche zu sehen, um Gewissheit zu haben.

Ein anderes Beispiel für den verlorengegangenen Glauben an den Staat sind die sogenannten „autodefensas": bewaffnete Bürgerwehren, die versuchen, sich ohne den Staat gegen die Kartelle zu wehren.

Ja, solche Bürgerwehren gibt es in manchen Regionen, in denen die Kartelle operieren, in Michoacán zum Beispiel oder in Guerrero, meist in kleineren Orten. Den Menschen dort ist es egal, was die Regierung in Mexiko-Stadt oder in der Hauptstadt ihres Bundesstaates tut. Sie haben das Gefühl, sich selbst verteidigen zu müssen. Sie kaufen Waffen und Funkgeräte, leisten Widerstand. Aber die Armee mag das gar nicht. Die Regierung rät davon ab. Und wo sie können, entwaffnen sie diese Organisationen. Die Bürgerwehren haben also zwei Feinde: die Kriminellen und die Bundesregierung. Aber davon abgesehen haben die Autodefensas noch ein grundsätzliches Problem.

Nämlich?

Damit sie funktionieren, brauchen sie Leute, die Erfahrung in der Anwendung von Gewalt haben. Du kannst nicht einfach deinem Nachbarn sagen, er solle sich eine Waffe schnappen und anfangen zu schießen. Jemand muss das Know-how für solche Sachen haben. Und in der Regel sind das Leute, die mit Verbrechen zu tun haben. So verschwimmen mitunter die Grenzen zwischen den Bürgerwehren und den Kartellen. Deshalb sollten wir sehr kritisch auf die Bürgerwehren blicken.

»Die Justiz muss besser ausgestattet werden«

Gibt es in dieser vertrackten Lage überhaupt etwas, das Ihnen Hoffnung macht.

Oh doch, so manches. Es ist ja nicht so, dass das ganze Land gleichermaßen vom Drogenkrieg betroffen ist. In vielen Regionen ist die Kriminalität kaum höher als in den USA. Mexiko-Stadt ist ein gutes Beispiel, wie sich Dinge zum Besseren wenden können. Die Politik hat dort gerade in den vergangenen Jahren einen guten Job gemacht: Es gab systematische Anstrengungen, die Gehälter von Polizeibeamten zu erhöhen, ihnen einen geregelten Karriereweg zu ermöglichen. Früher waren Polizisten nahezu gezwungen, nebenbei noch Geld zu machen, das war Teil des Systems. Das ist heute zum Glück anders. Solche Situationen, wie ich sie in den 1980er Jahren auf den Straßen von Mexiko-Stadt erlebt habe, sind dort heute viel seltener. Die Kriminalität in Mexiko-Stadt ist auch eindeutig zurückgegangen. Die Politiker dort machen manches richtig, sie arbeiten hart und sind nicht einfach nur populistisch. Das ist übrigens überhaupt etwas, das man positiv herausheben kann an Mexiko im Vergleich mit anderen lateinamerikanischen Staaten, die ähnliche Probleme haben und einseitig zur Politik der harten Hand tendieren.

Was meinen Sie?

Die Politik in Mexiko leidet nicht unter rechtem Populismus wie etwa in Brasilien, Peru oder Argentinien. Das Land ist nicht gespalten in eine radikale Linke und eine neoliberale, halbfaschistische Rechte. Der Großteil der Mexikaner ist bei ihren politischen Zielen vergleichsweise nah beieinander, etwa wenn es um funktionierende Sozialsysteme oder faire Wahlen geht. Das sind eigentlich gute Voraussetzungen für Stabilität und Kontinuität. Es braucht aber eben fähige Leute, um diese Voraussetzungen zu nutzen und strukturelle Dinge zu ändern.

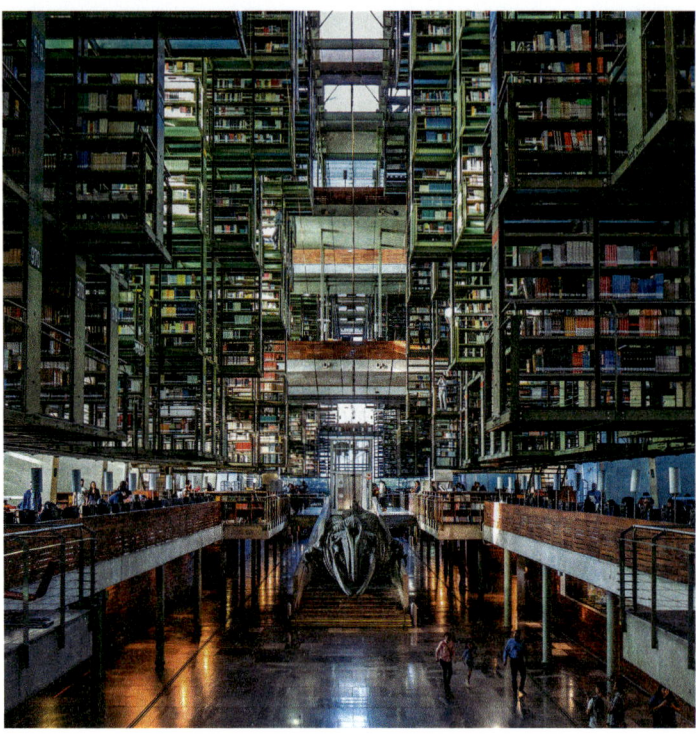

MEXIKOS HOCHSCHULEN verzeichnen stark wachsende Studierendenzahlen. Die Chancen, durch Bildung den sozialen Aufstieg zu schaffen, sind größer als früher (Vasconcelos-Bibilothek in Mexiko-Stadt)

Hilfreich dafür könnte auch die wachsende mexikanische Wirtschaft sein. Manche Stimmen sehen Mexiko schon als eine kommende wirtschaftliche Supermacht, die Deutschland spätestens 2050 ökonomisch überholen wird.

Das halte ich für übertrieben, aber ich bin auch kein Ökonom. Tatsächlich erlebt Mexiko ein starkes industrielles Wachstum. Viele Firmen wollen hier produzieren, weil die Kosten gering und die Qualifikationen der Mitarbeiter gut sind. Die Hochschulen expandieren, um mehr Ingenieure ausbilden zu können. Denn da gibt es Bedarf, übrigens auch, weil nicht wenige hochqualifizierte Mexikaner Angebote von Firmen aus den USA bekommen und in den Norden in die Vereinigten Staaten gehen.

Das passt zu einer weiteren Prognose, die man immer wieder hören kann: Dass die in den USA stetig wachsende Gruppe von Wählern mit mexikanischen Wurzeln dazu führen wird, dass Washingtons Politiker die Bedürfnisse Mexikos zukünftig stärker werden berücksichtigen müssen – eben, weil diese Wähler wollen, dass es ihrer Heimat möglichst gut geht.

Da bin ich skeptisch, aus zwei Gründen. Erstens hat die mexikanische Regierung dieses politische Kapital bisher nicht mobilisiert. Sie war nicht in der Lage, die Tatsache auszunutzen, dass viele Menschen mexikanischer Abstammung in den USA leben. Sie hat keinen Druck gemacht, etwa bei Fragen zur Migration, schlechte Lobbyarbeit geleistet, wenn man so will. Sie pflegt zu den USA eher eine Beziehung, die auf Schadensbegrenzung aus ist, und ich sehe derzeit nicht, wie sich das grundsätzlich ändern könnte. Das liegt zweitens auch daran, dass die spanischsprachige Bevölkerung in vielen Regionen der USA mehrheitlich republikanisch wählt. Es ist längst nicht immer so, dass die persönliche Migrationsgeschichte dazu führt, dass man es anderen Immigranten einfacher machen will und dementsprechend wählt. Das finde ich bedauerlich, aber das ist die Wahrheit. Es gibt allerdings eine demografische Entwicklung innerhalb Mexikos, in der ich Anlass zur Hoffnung sehe.

Nämlich?

Mexiko hatte bis in die 1970er Jahren sehr hohe Geburtenraten. Viele der damals geborenen Menschen haben in den wirtschaftlich schwierigen Zeiten danach keinen Job gefunden, nicht wenige, vor allem junge Männer, sind auf die schiefe Bahn geraten. Diese Generation wird jetzt alt, die Bevölkerung wächst deutlich weniger stark, der Wirtschaft geht es besser. Die Probleme der Ungleichheit und der Armut sollten so leichter zu bewältigen sein. Sie haben anfangs einen etwas düsteren Satz aus einem meiner Bücher zitiert. Der stimmt leider, Mexiko steht nach Ansicht vieler Menschen für Gewalt und Straflosigkeit. Aber das heißt wie gesagt nicht, dass die mexikanische Gesellschaft in Gänze davon geprägt ist. Die plakative Gewalt der Drogenkartelle zieht alle Aufmerksamkeit auf sich, etwa in den Medien. Was dabei oft untergeht: Trotz der wirklich schwierigen Lage im Land laufen die allermeisten sozialen Interaktionen in Mexiko ohne jegliche Gewalt ab. Die allermeisten Menschen im Land versuchen weiterhin, ein friedliches, rechtschaffenes Leben zu führen. Das finde ich bemerkenswert, und das wäre auch mal eine Nachricht wert. ◊

DIE STRASSEN von Mexiko-Stadt sind in den vergangenen Jahren sicherer geworden. Für Piccato ist die Metropole »ein gutes Beispiel, wie sich Dinge zum Besseren wenden können«

Werkstatt

MENSCHEN DAHINTER

HEFTKONZEPT

Johannes Teschner

Als feststand, dass der Textredakteur neben dem Heftkonzept auch eine historische Reportage für diese Ausgabe schreiben würde, war er froh, die Serie „Narcos: Mexico" noch nicht gesehen zu haben. So konnte er seinen Text über die mexikanischen Drogenkartelle (ab Seite 136) wie bei GEOEPOCHE üblich auf belastbare Quellen stützen, ohne dass ihm dabei Schauspielergesichter und fiktive Szenen im Kopf umherspukten. Jetzt freut er sich darauf, seine Rekonstruktion der Ereignisse mit der Machart der Serie zu vergleichen – bei einigen Fernsehabenden auf dem Sofa.

FOTOGRAFIE

Graciela Iturbide

Die tiefen Gräben zwischen sozialen Schichten und ethnischen Gruppen, die ihre Heimat prägen, scheint die Fotografin, 1942 in Mexiko-Stadt geboren, geradezu mühelos zu überwinden: In mehreren berühmt gewordenen Projekten dokumentiert sie das Leben verschiedener indigener Gemeinschaften im Land. Dass Iturbide den Protagonistinnen und Protagonisten ihrer Schwarz-Weiß-Aufnahmen dabei besonders nah kommt, liegt auch daran, dass sie sie oft über längere Zeiträume begleitet. So wie die Frauen aus dem südmexikanischen Juchitán, die auf den Seiten 14 und 15 dieser Ausgabe zu sehen sind.

AUTORIN

Kia Vahland

Die Kunsthistorikerin und Redakteurin der „Süddeutschen Zeitung" hat sich für dieses Heft mit Frida Kahlo beschäftigt (ab Seite 116) – und war überrascht zu lesen, wie wütend die bekannteste mexikanische Künstlerin werden konnte: auf genau die Europäer und Nordamerikaner, die sie bis heute verehren, aber das Mexikanische und Aufrührerische an ihrer Malerei gern übersehen. Gerade erschienen ist Vahlands Buch über einen anderen lange Missverstandenen: „Caspar David Friedrich und der weite Horizont" (Insel-Bücherei).

GESCHICHTE AUS DEM QUALITY BOARD

Natürlich geht es in dieser Ausgabe von GEOEPOCHE auch um Mexikos Grenze mit den USA. Deren Länge, so nahm das Verifikationsteam an, sollte sich leicht herausfinden lassen. Groß war daher die Überraschung, als sich in den hinzugezogenen seriösen Quellen, digitalen wie gedruckten, diverse unterschiedliche Zahlen fanden. Besonders bizarr: Das „CIA World Factbook", das meist zuverlässige Länderlexikon des US-Geheimdienstes, gibt im Artikel über das eigene Land 3111 Kilometer an, im Eintrag zu Mexiko hingegen 3155 Kilometer. Nachfragen bei der CIA blieben leider unbeantwortet. Die Zahl, die nun auf Seite 138 zu lesen ist, stammt stattdessen von der US-Website einer Behörde, die beide Staaten gemeinsam schon 1889 für ihre Grenzangelegenheiten gegründet haben: 1954 Meilen, umgerechnet 3145 Kilometer. Zweifel bleiben allerdings: Denn die mexikanische Website derselben Institution nennt wiederum andere Zahlen.

> Alle Texte in GEOEPOCHE werden vom GEO-eigenen Quality Board einem Faktencheck unterzogen

GEO

Für jedes Alter das passende GEOLINO

Jetzt Wunsch-Magazin testen, sparen und Prämie zur Wahl sichern.

Mit bis zu 32 % Ersparnis testen

Ab 9 Jahren

Ab 9 Jahren

Ab 5 Jahren

Ab 3 Jahren

Vermittelt charmant und lebendig Wissen und Werte rund um Mensch, Tier und Umwelt.

3 x GEOLINO
für nur 12,50 € statt 18,-€

Stillt den Wissensdurst und lässt zu je einem speziellen Thema keine Fragen offen.

2 x GEOLINO EXTRA
für nur 12,90 € statt 19,-€

Der perfekte Leseeinstieg für neugierige Kids. Große Themenvielfalt, kurze Texte, lustige Rätsel und Spiele.

3 x GEOLINO MINI
für nur 10,50 € statt 15,-€

Zum gemeinsamen Vorlesen, Anregen und Mitspielen. Oder zum eigenen Entdecken.

2 x MEIN ERSTES GEOLINO
für nur 6,- € statt 8,-€

+ Prämie zur Wahl

Mehr Prämien online

01
LEGO „Kreative Monster"
140 Teile, Zuzahlung: nur 1,- €

02
REX LONDON-Snackdosen „Colorful Creatures"
Zuzahlung: nur 1,- €

03
KOSMOS Spiel „Ubongo! extrem"
Zuzahlung: nur 1,- €

Jetzt bestellen: www.geolino.de/testen | +49 (0) 40 / 55 55 89 90

Bitte Bestell-Nr. angeben: 3 x GEOLINO selbst lesen 210 7686 / verschenken 210 8108
2 x GEOLINO EXTRA selbst lesen 210 7746 / verschenken 210 7766
3 x GEOLINO MINI selbst lesen 210 7706 / verschenken 210 7726
2 x MEIN ERSTES GEOLINO selbst lesen 210 7806 / verschenken 210 7826

Alle Preise verstehen sich inkl. MwSt. und Versand – ggf. zzgl. einmalig 1,- € Zuzahlung. Es besteht ein 14-tägiges Widerrufsrecht. Zahlungsziel: 14 Tage nach Rechnungserhalt. Anbieter des Abonnements ist Gruner+Jahr Deutschland GmbH. Belieferung, Betreuung und Abrechnung erfolgen durch DPV Deutscher Pressevertrieb GmbH als leistendem Unternehmer.

AUS DER GESCHICHTE LERNEN

1 Jahr GEO EPOCHE für nur 98,– € lesen
oder verschenken und Wunsch-Prämie sichern!

Prämie zur Wahl!

GEO EPOCHE-Bestseller
- „Deutschland unter dem Hakenkreuz"
- Teil 1: Die ersten 1000 Tage der Diktatur
- Teil 2: Hitlers Weg in den Krieg

Ohne Zuzahlung

10,– € Amazon.de-Gutschein
- Für Ihre nächste Online-Shopping-Tour
- Riesige Auswahl, täglich neue Angebote
- Technik, Bücher, DVDs, CDs u.v.m.

Ohne Zuzahlung

Gleich Prämie wählen und bestellen:

6 Ausgaben GEO EPOCHE plus 1 Sonderausgabe von GEO EPOCHE inkl. digitaler Ausgaben für zzt. nur 98,– € oder 6 Ausgaben GEO EPOCHE mit DVD plus 1 Sonderausgabe von GEO EPOCHE inkl. digitaler Ausgaben für zzt. nur 129,– € – ggf. zzgl. einmaliger Zuzahlung für die Prämie. Studierende lesen mit 40% Rabatt (ohne Prämie). Es besteht ein 14-tägiges Widerrufsrecht. Zahlungsziel: 14 Tage nach Rechnungserhalt. Alle Preisangaben inklusive MwSt. und Versand. Anbieter des Abonnements ist Gruner + Jahr Deutschland GmbH. Belieferung, Betreuung und Abrechnung erfolgen durch DPV Deutscher Pressevertrieb GmbH als leistenden Unternehmer.

- 6 x GEO EPOCHE + 1 Sonderausgabe von GEO EPOCHE portofrei nach Hause
- DVD auf Wunsch zu jedem Heft
- Inkl. digitaler Ausgabe zum Lesen auf Tablet, Smartphone oder PC

FABER CASTELL Set „Black Edition"
· Design-Set aus der Serie „GRIP"
· Druckkugelschreiber, Bleistift und Radiergummi
· In attraktiver Geschenkbox

Zuzahlung: nur 1,– €

GEO EPOCHE-Sammelschuber
· Schuber aus robustem Hartkarton
· Perfekt für Ihr Archiv zu Hause
· Fasst bis zu 8 Ausgaben

Zuzahlung: nur 1,– €

www.geo-epoche.de/abo | +49(0)40/5555 8990

Bitte Bestell-Nr. angeben:

ohne DVD selbst lesen	183 3806	ohne DVD verschenken	183 3807	ohne DVD als Student lesen	183 3808
mit DVD selbst lesen	183 3845	mit DVD verschenken	183 3846	mit DVD als Student lesen	183 3847

Vorschau

Der Siebenjährige Krieg

DIE GESCHICHTE EINES WELTENBRANDES

1756 verbinden sich zwei Konflikte zum offenen Krieg: der Kampf von Preußens König Friedrich dem Großen gegen Österreich um die Vorherrschaft in den deutschen Landen – und der gewaltvolle Wettstreit zwischen Frankreich, einem Alliierten Österreichs, und dem mit Preußen verbündeten Großbritannien um Märkte und Regionen in Übersee. Das globale Ringen, in das bald auch Russland und weitere Mächte eingreifen, beenden 1763 zwei Friedensschlüsse. Mit weitreichenden Folgen für die Welt

FRIEDRICH DER GROSSE: SCHÖNGEIST UND SOLDAT